Karl August Varnhagen von Ense

Die Schlacht von Deutsch-Wagram am 5. und 6. Juli 1809

DOGMA

Karl August Varnhagen von Ense

Die Schlacht von Deutsch-Wagram am 5. und 6. Juli 1809

ISBN/EAN: 9783955802301

Auflage: 1

Erscheinungsjahr: 2013

Erscheinungsort: Bremen, Deutschland

Die

Schlacht von Deutsch-Wagram

am 5. und 6. Juli 1809

von

K. A. Varnhagen von Ense

Herausgegeben zum einhundertjährigen Gedenktage dieser Schlacht

von

Anton Pfalz

Mit zahlreichen Abbildungen und Karten des Schlachtfeldes

Das gesamte Reinerträgnis fließt dem Kriegerdenkmal-Fonde in Deutsch-Wagram zu

Deutsch-Wagram

Verlag des Kriegerdenkmal-Ausschusses
für den Buchhandel: K. u. k. Hof-Buchdruckerei und Hof-Verlags-Buchhandlung
Carl Fromme, Wien.

Varnhagen von Ense, Karl August,

deutscher Schriftsteller, geboren den 21. Februar 1785 zu Düsseldorf, kam frühzeitig mit seinem Vater, einem Arzte, nach Hamburg und studierte zu Berlin und Halle Medizin, daneben Philosophie und alte Literatur. Dort waren es A. v. Schlegels und Fichtes, hier F. A. Wolfs, Schleiermachers und Steffens Vorlesungen, die bestimmend für seine geistige Richtung wurden. Bereits 1803 gab er mit Adalbert v. Chamisso einen „Musenalmanach" heraus. Nach dem Ausbruche des österreichischen Krieges 1809 begab er sich von Tübingen aus zur österreichischen Armee, wo er als Offizier aufgenommen wurde. In der Schlacht bei Deutsch-Wagram erhielt er eine schwere Wunde, infolge deren er erst im Herbste bei seinem Regimente in Ungarn wieder eintreffen konnte. Hier kam er mit dem Obersten, nachmaligen General Prinzen Bentheim, in ein näheres Verhältnis und begleitete denselben nach dem Wiener Frieden als Adjutant auf mehreren Reisen, unter anderem 1810 nach Paris, an den Hof Napoleon I. Hier, sowie später verband er literarische und politische Tätigkeit. Als sich die Österreicher 1812 am russischen Feldzug beteiligten, verließ er deren Dienst und ging nach Berlin. Im folgenden Jahre trat er unter Vorbehalt seiner preußischen Dienstanwartschaft als Hauptmann in die russische Armee, ging mit Tettenborn zuerst nach Hamburg und begleitete darauf denselben als Adjutant bis Paris. Noch während der Kriegsunruhen gab er die „Geschichte der Hamburger Ereignisse" und die „Geschichte der Kriegszüge Tettenborns" heraus. In Paris empfing er von Preußen die Berufung in den diplomatischen Dienst und folgte 1814 dem Staatskanzler Hardenberg zum Kongresse nach Wien. Hier verfaßte er im Auftrage Hardenbergs u. a. eine Schrift über Sachsen. Als im folgenden Jahre der Krieg von neuem entbrannte, folgte er dem Fürsten Hardenberg nach Paris und wurde dann Ministerresident in Karlsruhe. Im Sommer 1819 von hier abberufen, lebte er mit dem Titel eines Geheimen Legationsrates meist in Berlin. Im Jahre 1830 nahmen die Folgen der Julirevolution seine angestrengteste politische Tätigkeit in Anspruch. Seit dem 1833 erfolgten Ableben seiner Frau lebte er fast nur noch literarischen Studien und Arbeiten. Er starb den 10. Oktober 1858 zu Berlin. Seine zahlreichen Schriften gehörten anfangs ins Feld der romantischen Dichtweise, später wendeten sie sich der Biographie und literarischen Kritik zu. Ohne Zweifel gehört Varnhagen zu den ersten deutschen Prosaikern.

Unserem Neudruck liegt der Text vom Jahre 1836 im VII. Jahrgang des Historischen Taschenbuches von Friedrich von Raumer zu Grunde.

Die Schlacht von Deutsch-Wagram.

Die Sonne steigt aus Nebeln herrlich auf;
es wird ein schöner Tag! . . . .

Das Feld, das rings sich breitet, heißet
Marchfeld,
Ein Schlachtfeld, wie sich kein zweites
findet,
Doch auch ein Erntefeld, Gott sei gedankt! —
Grillparzer: „König Ottokars
Glück und Ende". 5. Aufzug.

Nach den großen Unfällen in Baiern, dem Verluste von Wien und dem Fehlgehen so mancher Aufstandsversuche, von denen man die größte Erwartung gehegt, mußte die österreichische Sache und mit ihr die deutsche, diesmal wiederum verloren scheinen. Und urplötzlich, ein paar Tage später, da niemand dies mehr hoffen durfte, stand sie in dem herrlichsten Siegesglanze. Die geschlagenen, ermüdeten, mit allen Nachteilen eines schleunigen Rückzuges ringenden Truppen hatten den stolzen Gegner bei seinem weiteren Vordringen über die Donau streitfertig aufgenommen, in zweitägiger Schlacht am 21. und 22. Mai 1809 bekämpft und überwältigt und über den Fluß zurückgeworfen. Die Schlacht von Aspern erklang weithin durch Deutschland und erregte mächtig die Gemüter. Napoleon war seit dem Auftreten noch in keiner Schlacht überwunden worden; dies war die erste, die er verlor, im offenen Kriegsfelde, eine große Hauptschlacht. Der Erzherzog Karl zuerst entrang dem gewaltigsten Schlachtengewinner der neuern Zeit einen solchen Sieg; und wenn auch späterhin Napoleon wiederholte und größere Niederlagen erleiden mußte, so überließ er doch niemals wieder einem Gegner so ungeteilt den Siegeskranz.

In Berlin, in Schlesien, wo wir durchreisten, war die Begeisterung allgemein; der Zauber der Unbesiegbarkeit, durch die jüngsten Glücksfälle erst recht befestigt, war von Napoleon gewichen, man sah die Möglichkeit durch die Tat. Im vollen Siegeslaufe hatte der Widerstand ihn gehemmt, er war geschlagen, sein Heer zerrüttet. Auch er konnte zugrunde gehen, wie er bisher die andern zugrunde gerichtet hatte. Ja, wenn man die Landkarte betrachtete, wie tief im feindlichen Lande und wie entfernt und fast geschieden von Frankreich, er die mißlichste Lage überstehen sollte, so konnte die Hoffnung schimmern, es wende sich mit ihm schon jetzt zum Untergange und er habe die Worte an seine Soldaten, im Beginne des Krieges, dies solle sein letzter Feldzug in Deutschland sein, sich selber zum Verhängnisse gesprochen. Wirklich war Tirol noch im vollen Aufstande, Norddeutschland jeder neuen Bewegung offen, England tätig, Preußen zum Ausbruche geneigt, der Rheinbund selbst nicht sicher, seine Fürsten konnten von Napoleon abfallen, gegen ihn die Volkskräfte sich überall erheben. Man hielt alle günstigen Aussichten, mit denen man sich vor Eröffnung dieses Krieges geschmeichelt, abermals, und mehr als vorher, der Erfüllung nahe.

Unter solchen Vorstellungen, Glückwünschen und Verheißungen, setzten wir eilig unsere Reise fort. Zwei unserer Reisegenossen mußten aber in Schlesien noch zurückbleiben und wir kamen nur unser vier nach Mähren, mit dessen Boden wir nun unwiderruflich eine neue Lebensbahn betreten hatten. Herrlich sprach uns das Land mit ernsten und heitern, von mächtigen Verhältnissen und großem Zusammenhange zeugenden Eindrücken an. Sonderbar dünkte uns die Stimmung der Menschen, weder lebhaft aufgeregt durch den Sieg, wie wir sie zu finden dachten, noch eigentlich anteillos, wie dieser Mangel an Begeisterung zu fürchten gab. Ein gelassenes Zutrauen schien über Glück und Unglück hinaus sich einer guten Sache versichert zu halten, und für diese pflichtmäßig und treu zu handeln, ohne damit einen ungewöhnlichen Aufwand geistiger Bewegung zu verbinden. Althergebrachtes, weitschichtiges Regierungswesen und das Verhältnis einer größtenteils slawischen Bevölkerung zu diesem, schienen uns, bei näherer Betrachtung, den anfangs befremdlichen Eindruck hinlänglich zu erklären. Auch waren, wo nicht alle verfügbaren, doch die höheren und tüchtigeren Kräfte des Landes schon vorwärts in Tätigkeit; die Besitzer der Herrschaften und Güter, die junge Mannschaft aus den Dörfern und Städten, die kaiserlichen Beamten selbst, alles war zur allgemeinen Verteidigung bei Linientruppen oder Landwehr eingerückt, und nur hin und wieder sah man einige schwache Abteilungen neuausgehobener Truppen, welche gleichfalls zu dem Heere stoßen sollten und vorher nur notdürftig abgerichtet wurden.

In Olmütz fanden wir den ausführlichen Bericht über die Schlacht von Aspern, wie er amtlich abgefaßt worden und eben im Druck erschienen war. Begierig griffen wir nach diesem Hefte, welches den früheren, eiligen und kurzen Nachrichten zur Ergänzung diente und uns nunmehr ein deutliches Bild des großen Ereignisses vor Augen stellte. Die sachgründliche Erzählung zuweilen lebhafter einschreitend, machte auf uns einen begeisternden Eindruck, sie wurde laut vorgelesen, vielfältig überdacht und besprochen; vor- und rückwärts knüpften sich hier die mannigfachsten Betrachtungen für uns an. Als wir den Verlust der Österreicher mit ihrer anfänglichen Stärke verglichen und das Ergebnis fanden, daß der vierte Mann getötet und verwundet worden, lag die Bemerkung nahe, daß für eine neue Schlacht im gleichen Verhältnis auch von uns vieren Einer zu rechnen sei und ich warf die Äußerung hin, ich würde dieser wohl sein. Ich mußte das aussprechen, ohne daß weder ich selbst noch die andern sich weiter dabei aufhielten.

Wir eilten weiter zu kommen, voll Sorgen und Unruhe, daß wir etwas Bedeutendes versäumen könnten, da schon die bis dahin dauernde Waffenstille ein Wunder dünkte, dessen Fortsetzung mit jedem Tage sich weniger glauben ließ.

Für Marwitz war noch ein besonderer Grund der Eile.

Jüngling aber dabei durch eine Kartätschkugel der Oberschenkel zerschmettert und kaum hatten die Seinigen ihn vor den Mündungen der feindlichen Kanonen noch aufraffen und zurückbringen können. Den Bruder, so weit von der Heimat in diesem Jammer und so mancher Hilfe und Pflege doch entbehrend, wiederzusehen, war ein großer Schmerz, der dadurch noch vermehrt wurde, daß dieses Wiedersehen nicht

Offizier und Gemeiner von Hoch- und Deutschmeister. 1809.

Ein jüngerer Bruder von ihm war schon früher in das österreichische Heer getreten, bei Aspern verwundet und darauf nach Nikolsburg gebracht worden, wo er schwer darniederlag. Wir fanden ihn in einem üblen, fast hoffnungslosen Zustande. Ihm war aufgetragen worden, mit einer kleinen Schar gegen feindliches Geschütz anzusprengen, damit dessen Aufstellung und Stärke durch das Abfeuern kund würde. Dieser Zweck wurde erreicht, dem edlen

einmal dauernd, sondern nur auf kurze Zeit beschränkt sein konnte. Das Beispiel eines solchen traurigen Vorganges mußte den Eifer der beschlossenen Nachfolge noch anspornen und befestigen; man fühlt sich fremdem Leide wie verpflichtet, dem eigenen nun um so williger entgegen zu gehen.

Da jedoch Marwitz mancherlei Anordnungen zu treffen hatte und dabei seine tröstliche Gegenwart dem Unglücklichen gerne einige Tage gönnen wollte, wir anderen aber nur müßige Zuschauer sein konnten, so trennten wir uns hier, um jeder nach eigenem Rat und Mittel sein ferneres Geschick aufzusuchen. Marwitz war des Eintritts in das Regiment Klenau Chevauxlegers, wo sein Bruder diente, so gut wie gewiß, die anderen hatten ihr Absehen gleichfalls auf die Reiterei gestellt. Ich aber dachte bei dem Fußvolk einzutreten und wollte ein ganz frisches Verhältnis nur durch mich selber finden, daher ich auch alle Empfehlungsbriefe und sonstige Anknüpfungen verschmäht hatte. Wir schieden froh und leicht und ich zuerst fuhr

Worten schwer auszudrückende, aber für die Anschauung unverkennbare Eigenart trat deutlich hervor, die auch in der Folge sich nur bestätigte und mit dem Namen: ein österreichischer, oder vielmehr, wie aus früherer Gewöhnung noch üblich war zu sagen, ein kaiserlicher Soldat, die ursprünglichste, selbständigste, und man möchte sagen unveränderlichste Gestalt eines Kriegswesens bezeichnete, das auf der starken Verknüpfung der verschiedenartigsten Völkerschaften und auf der ununterbrochenen Überlieferung von Jahrhunderten ruht.

Mit der frühesten Morgenhelle des 21. Juni traf ich in Deutsch=Wagram ein,

Hauptquartier des Generalissimus Erzherzog Karl in Deutsch-Wagram im Jahre 1809.
(Photogr. Aufnahme Otmar Mende.)

mit Kurierpferden dem großen Hauptquartiere zu.

Einem Feldwebel, der auf der Landstraße gleichen Weges dahinschritt, war mein Fuhrwerk eine gute Gelegenheit, um schneller fortzukommen und mir sein Gespräch ganz erwünscht, um von manchen Dingen, die mir jetzt wichtig werden mußten, nähere Kundschaft einzuziehen. Aller Eindruck, den ich bisher von preußischem oder französischem Soldatenwesen gehabt, mußte hier gänzlich schwinden und ein durchaus verschiedener nahm die Stelle ein. Hier waren alle Bestandteile und Verhältnisse anders gestellt, wie schon dem flüchtigsten Blick auffallen mußte, und eine zwar in

und bevor ich dem Halbschlummer mich völlig entwunden, der in der Nachtfrische über mich gekommen war, fuhr der Postillon bis vor die Wohnung des Erzherzogs, wo die aufgepflanzte Fahne und eine starke Grenadierwache mir sogleich in die Augen fielen. Man glaubte, ich sei ein Courier und wollte den Erzherzog eiligst wecken, welches ich nur mit Mühe hindern konnte, indem ich wiederholt versicherte, daß ich keine Botschaft zu überbringen hätte, sondern nur in meinen persönlichen Angelegenheiten käme. Man verstand wenigstens, daß der Generalissimus nicht dürfe gestört werden und ließ es damit gut sein. Ich aber fand mich in einer sonderbaren Lage.

Generalissimus Erzherzog Karl.

Sämtliche Gebäude des großen Dorfes waren mit Einlagerung überfüllt, die nächsten alle mit hohen Offizieren oder Kanzleien besetzt, wie sich an den vielen Schildwachen abnehmen ließ, die fast vor jeder Türe aufgestellt waren; ein Wirtshaus gab es unter solchen Umständen überhaupt nicht mehr. Da der ganze Ort noch in großer Stille lag, auch einstweilen sich niemand um mich bekümmerte, so suchte

mich fast schon wie einen der ihrigen an und gaben mir guten Rat, den ich aber nicht recht verstehen konnte, auch widersprachen sich ihre Meinungen teilweise. Ich setzte mein Anliegen, jedoch in Kürze, schriftlich auf und ließ dies Blatt durch dienstwillige Hand höheren Orts abgeben.

Als die Sonne höher gestiegen und das ganze Hauptquartier lebhaft geworden war, begab ich mich wieder ins Freie. Ich

Österreichischer Grenadier. 1809.

ich auf gut Glück in dem nächsten Hause, wo schon einige Bewegung zu blicken war, ein vorläufiges Unterkommen. Ich fand Stabsfouriere dort, die mich gastlich aufnahmen und mir sogar teil an ihrem Frühstück anboten. Hier konnte ich mich den neuen Eindrücken und Betrachtungen, die sich aufdrängten, bequem überlassen und mir den ferneren Verlauf meines Abenteuers in Gedanken festzustellen suchen. Einige Offiziere kamen und nachdem sie leicht ein Gespräch angeknüpft, sahen sie

sah mir Deutsch-Wagram und das anstoßende Lager an und wunderte mich nur, daß ein Fremder unter Hunderttausenden hier vielleicht der einzig dunkelblau Gekleidete, überall so ungehindert umhergehen konnte. Niemand fragte mich wer ich sei oder was ich wolle, meinen Paß hatte seit Olmütz noch niemand wieder zu sehen begehrt. Ein wunderbares Gewirr bewegte sich vor meinen Augen. Die unabsehbaren Lagerreihen wimmelten von Kriegsvolk und in Wagram flossen die

Strömungen dieser mannigfachen Regsamkeit zusammen. Alle Truppengattungen und Grade, in den verschiedensten Geschäften und Kostümen, in Kitteln und im Glanze, zur Arbeit, zum Wachdienste, zur Erkundigung von Neuigkeiten und zum Genuß und Verkehr jeder Art, bewegten sich bunt durcheinander hin. Unter den Uniformen in Österreich sind die schönen ganz außerordentlich schön; die der Husaren, Ausdrucke der Gestalten und Gesichter waren ähnliche Gegensätze wahrzunehmen, zwanglose Beweglichkeit und pedantische Starrheit, muntere Laune und finsterer Ernst, behagliche Trockenheit und wilde Leidenschaft. Deutsche, Franzosen, Wallonen, Slawen, Italiener, Magyaren erkannte man weniger im einzelnen, als vielmehr im Ganzen das Gemisch aller dieser. Daß die Verschiedenheit so vieler Völker

Österreichische Landwehr.

Ulanen und ungarischen Grenadiere gewährten den herrlichsten Anblick. Neben diesen nahmen sich freilich manche andere, besonders auch die des deutschen Fußvolkes, um so unansehnlicher aus, wiewohl das letztere in größeren Massen zusammenstehend doch auch einen vortrefflichen Eindruck machte. Merkwürdig erschien die Tracht der Generale, die durch hechtblaue Röcke und rote Hosen das Unscheinbare und Auffallende sonderbar vereinigten. In dem Sprachen, Gestalten und Sitten hier in der Gemeinschaft nicht verschwand, aber doch wie von einem höheren Zusammenhange gebunden erschien, war gerade das Eigentümliche dieses kaiserlichen Heeres. Im allgemeinen konnte man glauben, noch dasselbe Soldatenwesen vor Augen zu haben, welches Schiller im Lager Wallensteins dargestellt hat. Und in der Tat hätten sich nicht nur ähnliche Verhältnisse und Vorgänge, sondern großenteils auch noch dieselben Truppenstämme jener Zeit in den heutigen Regimentern nachweisen lassen.

Aus den wunderlichen Szenen und altbewahrten Redensarten, welche hier im Vorbeigehen plötzlich die Aufmerksamkeit anregten, wehte mich unterweilen auch die Luft des abenteuerlichen Simplicissimus noch an, jenes einst vielgelesenen Romans aus dem dreißigjährigen Kriege; und als der Generalgewaltige reitend durch das Lager mir gezeigt wurde, glaubte ich den Rumormeister jener wilden Zeit leibhaftig vor mir zu sehen.

War in dem Hauptquartier die Bewegung freier, glänzender und nicht ohne die Zugaben vornehmer und reicher Lebens-

lichkeit, mit welcher die mannigfachen Dienstverrichtungen nach eingeteilter Zeitfolge wechselten, gab der kriegerischen Bewegung einen Anschein ruhiger Friedensordnung. Dreimal täglich traten die Regimenter herkömmlich zum Gebet ins Gewehr, immer aufs neue berief die Trommelschlag die Feldwebel und Korporale zum Anhören der auszuteilenden Befehle. Wurde Vergatterung geschlagen, so war im Augenblicke die unabsehbare Front schweigsam aufgestellt, die zahlreichen Lagerwachen hielten vorwärts ihre Postenkette besetzt und nur mit einbrechender Dunkelheit unterbrach ihr wechselseitiger Zuruf die große Stille. Die Truppen lagen sämtlich unter freiem Himmel; aus der Mitte jedes Regiments er-

Kirche in Deutsch-Wagram.

weise, so ging es dagegen im eigentlichen Lager ernsthafter und stiller zu. Jeder Raum war abgemessen, die Anordnung der Reihen und Gassen streng beobachtet. Überall war die wachsamste Aufsicht und Ordnung, wehte mich wilder Lärm, kein Streit, die Truppen sah man beschäftigt, teils ihre Waffen und Geräte in Ordnung zu halten, teils andere Arbeiten zu verrichten, welche der Tag erforderte, am meisten aber mit Exerzieren.

Vom frühen Morgen an wurden kleinere und größere Abteilungen eingeübt, denn die erlittenen starken Verluste waren durch junge Mannschaft ersetzt worden, welche nun eilig ausgebildet werden sollte. Diese fleißigen Übungen und die Pünkt-

hob sich nur ein Zelt, welches als Feldkapelle für den Gottesdienst bestimmt war, zugleich aber dem Obersten einen bedeckten Raum darbot. Alle übrigen Offiziere wie die Gemeinen begnügten sich mit Erdgruben, denen etwan ein Dach von Rasen und Laubgezweig das Ansehen von Hütten und einigen Schutz gegen das Wetter lieh. Betrachtete man dieses Kriegsvolk in seiner ausdrucksvollen Kräftigkeit, gelassenen Bewegung, mäßigen Lebensart und unwandelbaren Gehorsam, so mußte man sich wohl bekennen, ein ausgeprägtes Bild des deutschen Charakters vor Augen zu haben und wenn man sich gegenüber die französische Beweglichkeit, üppige Lust und entzündbare Leidenschaft dachte, so glaubte man jenen Kräften um so sicherer vertrauen zu dürfen, als sie diesmal von bester Feldherrnhand geführt wurden.

Einige Züge, welche den österreichischen Soldaten ganz bezeichnen, mögen als jenen Tagen angehörig, hier aufbewahrt stehen. Ein schwerverwundeter Reiter wurde während der Schlacht zurückgebracht und von begegnenden Kameraden teilnehmend angerufen, wie es ihm gehe? „O, recht gut," erwiderte er, „der Feind ist schon im vollen Zurückweichen gegen die Donau hin!" — Einem Grenadier wurde das Gewehr in der Hand durch eine Kanonenkugel wie ein Waldhorn zusammengekrümmt. Staunend betrachtete er den Schaden und sagte bedauernd: „Ein so gutes Gewehr!" — Einen Trupp Grenadiere, die eben Sturm gelaufen hatten, fragte ein heransprengender Offizier, wo ihr Bataillon sei. „Wir sind das Bataillon!" war die schlichte Antwort. Die Anderen lagen dahingestreckt. Der einfache Geradsinn machte hier das Erhabene.

An diesem und dem nächsten Tage war ich auch von der Gegend und der eigentlichen Heeresstellung einen bestimmten Begriff zu erlangen bemüht. Die Österreicher standen seit dem Siege von Aspern noch fast auf derselben Stelle, nur hatten sie ihre Linie mehr rückwärts gezogen und in größeren Bogen ausgedehnt. Aspern und Eßlingen lagen weitab von der Front, beide Dörfer jetzt außerordentlich verschanzt und mit Geschütz und Truppen wohlbesetzt.

Die Donau strömte zwischen ihnen und dem Feinde, der hauptsächlich auf der Insel Lobenau, gewöhnlich Lobau genannt, sich festgesetzt und durch große Schanzarbeiten gedeckt hatte.

Weiter oberhalb, bei Nußdorf und höher hinauf, war das österreichische Heer mit dem rechten Flügel, unmittelbar an die Donau gelehnt, entfernte sich dann schräg von dieser gegen Stammersdorf und Wagram hin und dehnte seinen linken Flügel, der am fernsten von der Donau war, in das Marchfeld bis nach Markgraf-Neusiedl aus. Deutsch-Wagram lag fast im Mittelpunkte der Stellung. Links von diesem Ort erhebt sich der Boden und bildet ostwärts eine Hochfläche, die gegen Süden terrassenförmig abfällt.

Etwa hundert Schritte vorwärts fließt in der tiefern Ebene ein mit Weiden bepflanzter Bach, der Rußbach, welcher von Wollersdorf her durch Deutsch-Wagram, Baumersdorf*) und Markgraf-Neusiedl sich in das Marchfeld hinzieht. In weiter Ferne über die Ebene hinweg und jenseits der Donau, erblickte man am nebeligen Horizonte den Stefansturm von Wien, und es war ein eigentümlicher Reiz, die vom Feinde besetzte Hauptstadt täglich vor Augen zu haben und nicht anders erreichen zu können.

Die österreichische Hauptstellung war nicht verschanzt, durch ihre natürliche Beschaffenheit aber vorteilhaft genug und besonders bot sie, im Fall es hier zu einer neuen Schlacht kommen sollte, der Reiterei in dem weiten Marchfelde den freiesten Spielraum. Dagegen waren längs der Donau, besonders bei Aspern und Eßlingen, wo die besten Übergangspunkte zu sein schienen, starke und weitläufige Verschanzungen angelegt. Sich gegenseitig in ihren guten Stellungen beobachtend und festhaltend, ohne viel unternehmen zu können, hatten beide Teile das unnütze Schießen größtenteils eingestellt. Bei der Fortdauer dieser stillen Spannung mußte, so schien es, der Vorteil sich mehr und mehr auf die Seite der Österreicher wenden. Napoleon stand im feindlichen Lande, mitten in einer unruhigen Bevölkerung, die Donau war gesperrt, man fürchtete in Wien schon Mangel an Lebensmitteln, Tirol war im Aufstande, Steiermark nicht sicher, die Bewaffnung in Ungarn gewann täglich an Stärke und Ausbildung. Durch Entsendungen nach der obern Donau suchten die Österreicher dem Feinde seine Verbindungen im Rücken noch mehr zu erschweren und die Aufstände noch zu fördern. Abwärts, bei Preßburg behaupteten sie auf dem rechten Donauufer den starken Brückenkopf, welchen der tapfere Erzherzog Johann gegen die täglichen Stürme der Franzosen verteidigte. So konnte das Wort des Erzherzogs Karl: Jeder Tag, den man hier stehen bleibe und den Feind untätig festhalte, sei als ein Sieg zu betrachten, unter solchen Umständen

---

*) Heute Parbasdorf geschrieben in den Grundbuchsmappen. (D. H.)

PLAN

der sogenañten NAPOLEONS-INSEL

und einiger anderen kleineren Donau-Inseln bey Wien.

Zur Erläuterung der Geschichte des Feldzugs von 1809.

E.d.A.G.F. 1810. 1.ᵗᵉˢ St.

Weimar, im Verlage des Geograph. Instituts. 1813.

sehr wohl gelten, besonders da auch die politische Aussicht, die schon zum Teil sich erfüllte, durch Zeitgewinn die günstigsten Wandlungen versprach. Daß vielfachere und raschere Tätigkeit dem Feinde hätte verderblich werden, daß die Vorkehrungen hätten ausgedehnter und eifriger sein können, läßt sich wohl behaupten. Indeß muß man bedenken, daß der Geist der Kriegsführung wesentlich von dem Körper abhängig ist, mit dem er wirken soll und daß dieser aus alten Einrichtungen und Gewöhnungen durch den kräftigsten Willen nicht plötzlich zu jeder neuen Brauchbarkeit umgewandelt werden kann. Dies gilt von manchen Vorschlägen, welche zu jener Zeit gemacht wurden, die aber ins Werk zu setzen damals allzu schwierig dünkte.

Das Absehen des Erzherzogs Karl war mit Recht auf eine Feldschlacht gerichtet, für welche die Truppen frei verfügbar bleiben und an keine Verschanzungen gebunden sein sollten, als deren Zweckmäßigkeit für die künftig möglichen Umstände doch nichts voraus zu berechnen war und deren Vorhandensein dann störend und nachteilig werden konnte. Jenem wesentlichen Zwecke, das Heer für eine Schlacht in Bereitschaft zu halten, mußte die Hauptsorge des Feldherrn gewidmet bleiben und ihm rastlos zu tun geben, alle übrigen Hilfsmittel konnten erst nach jenem in Betracht kommen, so sehr man auch später wünschen durfte, daß der linke Flügel auf Verschanzungen der Hochfläche sich gestützt, daß bewaffnete Schiffe die Donau beherrscht und daß eine Telegraphenlinie zur schleunigen Verbindung zwischen den getrennten Heeresteilen bestanden hätte.

Sehr hatte mich verlangt, den Erzherzog selbst endlich zu sehen, wozu die Gelegenheit sich bald darbot und dann vielmals wiederholte. Schon am ersten Vormittage konnte ich von seinen Fenstern ihm zuhören, wie er eine Stunde der Muße damit verbrachte, auf dem Fortepiano zu phantasieren, worin er meisterhafte Geschicklichkeit hatte. Nicht lange darauf trat er hervor, stieg zu Pferde und ritt in das Lager hinaus, kehrte zurück, und machte dann einen Gang zu Fuß. Sein Blick war vorteilhaft und erfreuend. Er sah aus, wie ein tapferer biederer und

menschenfreundlicher Mann, der sogleich Zutrauen erweckte, aber auch Scheu und Ehrfurcht gebot, denn aus dem Feldherrnblicke leuchtete die Macht und Gewohnheit des Befehlens hervor, wie aus den freundlichen Mienen Ernst und Hoheit. Seine kleine, schmächtige Gestalt erschien kräftig und gewandt genug, vielleicht durfte man aber aus ihr auch die feinnervige Beschaffenheit erkennen, die man ihm allgemein beimaß. Der Krieg mit seinen Anstrengungen und Rauhigkeiten hatte eine sanfte Anmut aus diesen Gliedern nicht verdrängen können, wie auch Napoleon bei seinem ersten Auftreten gehabt haben soll, der im Beginne seiner Laufbahn eben so mager gewesen war, jetzt aber stark geworden ein weniger gutes Ansehen hatte.

Was aber den Erzherzog besonders auszeichnete, war die völlige Einfachheit und Natürlichkeit seines Wesens, die gänzliche Abwesenheit alles Gemachten und Gespannten. Aus der Lässigkeit mancher seiner Bewegungen würde man zuweilen fast auf einen Mangel an Kraft geschlossen haben, hätte nicht das Feuer seines heldischen Auges jeden solchen Gedanken niedergeblitzt. Sein unerschrockener Mut, der stets das Beispiel persönlicher Aufopferung und Verleugnung gegeben, seine menschenfreundliche Sorgfalt, sein gerechter und standhafter Sinn, so wie das Andenken seiner früheren Taten und Siege, hatten ihm die höchste Liebe des Heeres erworben. Die Offiziere hingen ihm eifrig an, die Gemeinen waren ihm unbedingt ergeben, vorzüglich die böhmischen Soldaten, denen er als Generalkapitän ihres Landes noch besonders angehörte. Wo er sich zeigte, schallte ihm jauchzender Leberuf entgegen, der auf den Vorposten dem Feinde leicht seine Anwesenheit verriet, aber nicht ganz untersagt werden konnte. Als Generalissimus stand er in einer Macht und Wirksamkeit, wie sie seit Waldstein kein österreichischer Feldherr ausgeübt hatte. Durch das ganze Kriegswesen erstreckte sich sein unmittelbarer Befehl, er konnte befördern und entfernen, strafen und belohnen nach eigenem Ermessen. Die Führung des Krieges sollte seiner Einsicht durchaus überlassen, alle Kräfte des Staates ihm hiezu verfügbar sein. Nur wegen Ungarns offenbarten sich

in diesem Betreff einige Schwierigkeiten
und auch andere geheime scheinen den be=
dungenen Rechten schon im Beginne störend
entgegengewirkt zu haben.

Schon zwei lange Tage hatte ich mich
in dem Hauptquartier und Lager umge=
trieben und der wüste Zustand, in welchem
ich mich fühlen mußte, wurde mit jeder
Stunde unerträglicher. Auf meine schrift=
liche Eingabe war mir durch Mißverstand
eine verkehrte Antwort zugekommen. Da=
gegen hatte ein Flügeladjutant des Erz=
herzogs, Major Graf v. Cavriany, mir
sehr freundlich und teilnehmend mündliche
Auskunft und Anleitung gegeben, mich dem
Obersten v. Oberndorf empfohlen, welcher
das Regiment Reuß=Plauen*) befehligte
und über das Wunder scherzte, daß nun
doch wirklich einige Deutsche infolge der
Aufrufe des Kaisers und des Erzherzogs
sich zum Kriegsdienste einfänden. Er be=
dauerte, daß bei seinem Regimente alle
erledigten Offiziersstellen eben erst wieder
besetzt worden, meinte jedoch, dies habe
noch nicht bei allen Regimentern geschehen
können und versprach mir deshalb Er=
kundigungen einzuziehen. Er machte mich
auch mit seinem Regimentsinhaber, dem
Feldzeugmeister Fürsten von Reuß=Plauen
bekannt und dieser treffliche Mann bezeigte
mir sogleich das größte Wohlwollen. In=
deß verging ein dritter Tag, ohne daß
sich etwas entschied. Ich hatte aber die
Freude, Willisen eintreffen zu sehen, mit
dem ich weite Spaziergänge machte, wobei
wir uns in allerlei Betrachtungen ergingen
und die allgemeinen und persönlichen Ver=
hältnisse vielfach überlegten. Er begab sich
dann zu dem General Grafen v. Carne=
ville, um in dessen Freischar einzutreten,
die rückwärts von Wagram, bei Bockfließ,
errichtet wurde.

Mich aber rief, da meine Gedanken
fast schon andere Richtung nahmen, der
Oberst von Oberndorf unvermutet an
und wies mich zu dem Obersten des Re=
gimentes Vogelsang*), das links von
Wagram, auf der obenerwähnten Terrassen=
höhe lagerte. Dieser Oberst war der Graf
zu Bentheim, aus Westfalen, ein noch
junger Mann von schönem Ansehen und

einnehmendem Wesen, der durch seine Aus=
zeichnung in der Schlacht bei Aspern so
früh zu der ansehnlichen Befehlshaberstelle
gelangt war. Ein kurzes Gespräch setzte
mein Verhältnis leicht ins Klare, der
Oberst war sehr zufrieden mich in sein
Regiment aufzunehmen, ernannte mich zum
Fähnrich und gab mich zu der ersten
Kompagnie, die der wackere Hauptmann
v. Marais befehligte. Ich kaufte die
Equipierung eines bei Aspern gebliebenen
Offiziers, vertauschte den Hut mit dem
Tschako, schnallte die breite Degenkuppel
mit dem kaiserlichen Doppeladler um den
Leib, machte mit den Offizieren nähere
Bekanntschaft und schlief die erste Nacht in
der Erdhütte neben meinem Hauptmann und
noch einem Offizier, als hätte ich nie ein
anderes Verhältnis gehabt.

Die nächsten Tage waren schwer und
öde. Die große Sommerhitze hatte Laub
und Gras verdorrt, die Weiden des Ruß=
baches waren längst entblättert und zum
Teil entrindet, auf der endlosen Ebene
zeigte sich nirgends ein Schatten, nur dunkle
Staubwolken, von Stoßwinden plötzlich
herangeführt, verhüllten augenblicklich den
Sonnenhimmel und überschütteten alles mit
heißem Sandregen. Man mußte das Exer=
zieren einstellen und verkroch sich in die
Erdhütten. Der beste Wille der Kriegs=
kameraden brachte doch nur eine traurige
Unterhaltung zuwege. Gesichtspunkte und
Antriebe, die wir Norddeutschen für diesen
Krieg hatten, waren hier größtenteils
fremd.

Man sah im Kriegshandwerk ein er=
wähltes Fach, dessen Vorteile man geltend
machte; man rechnete die zu hoffenden Beför=
derungen aus und rühmte das Garnisons=
leben in Prag. Der Oberst allein kannte
Gentz und wußte von Friedrich Schlegel,
beide waren hier unbekannte, be=
deutungslose Namen. Das Regiment war
überdies ein böhmisches und die meisten
Soldaten sprachen nur diese Sprache. Be=
geisterung und Poesie mußten hier völlig
erlöschen, auch selbst die der Gefahr
fehlten für jetzt; weit und breit fiel kein
Schuß und alles war in tiefster Ruhe.
Man zweifelte, daß noch eine bedeutende
Waffenentscheidung vorfallen würde, man
sprach vom nahen Frieden und wünschte
ihn. Daß unterhandelt wurde, stand außer

---

*) Infant.=Regt. Nr. 17.

Zweifel. Französische Beauftragte waren wiederholt in Wagram gesehen worden, selbst seinen Vertrauten Duroc wollte man von dem Kaiser Napoleon mit Vorschlägen an den Erzherzog Generalissimus abgeschickt wissen.

Ich konnte die Niedergeschlagenheit, die ich hiervon empfand, nicht verhehlen. In meinem Unmute muß ich mich ganz verzweiflungsvoll und den Wunsch, wieder fort-

des Prinzen Louis Ferdinand von Preußen gewesenem Adjutanten, der an der Grenze von Franken eine Freischar sammelte. Von diesen Beiden sagte man laut, sie würden keinen Frieden machen, sondern lieber wie Schill, auf eigene Hand zugrunde gehen. Es war aber zu spät. Bereits in die Listen eingetragen, hätte ich ein förmliches Abschiedsgesuch einreichen müssen, was während der Kriegs-

zugehen, sehr heftig ausgedrückt haben, denn der Hauptmann v. Marais eröffnete mir mit großer Teilnahme, wenn dies mein Ernst sei, so könne mir vielleicht noch geholfen werden, er zweifle, daß ich höhern Ortes schon gemeldet sei und so könne der Oberst wahrscheinlich noch ohne fremdes Zutun mich entlassen. Mir fuhr der Gedanke durch den Kopf, zu dem Herzoge von Braunschweig-Oels zu gehen, von dessen Unternehmungen die Rede war, oder zu dem Major v. Nostiz,

zeit untunlich war. Der Oberst, dem ich meine Unruhe nur im allgemeinen, nicht aber in ihren besonderen Gründen zeigen mochte, wußte nicht, was er von mir denken sollte. Über die Waffenruhe und den Friedensanschein aber, die ich verwünschte, suchte er mich zu trösten und meinte, mit jedem Tage könne sich das ändern, worüber niemand froher sein würde, als er selbst. Ich blieb also einstweilen wo ich war.

Die schlimmste Prüfung war in der Tat schon überstanden. Nach einem heißen, langweiligen, verzehrenden Tag, erscholl am 30. Juni abends plötzlich von der Donau her Kanonendonner, dem Gemüt eine labende Erfrischung! Eine Partie Franzosen, so vernahm man bald, waren von der Lobau mittels Kähnen auf eine kleine Au, die Mühleninsel genannt, übergegangen, die sich nur noch durch einen schmalen Arm von dem linken Donauufer scheidet. Sie legten eine Brücke auf dieses Ufer herüber und beschützten dieselbe durch einen kleinen Vorwall. Unsere Batterien bei Eßlingen wollten dem Feinde diese Ausbreitung nicht gestatten und seine nächsten Kanonen auf der Lobau feuerten nun ebenfalls. Die Unterhandlungen, hieß es, seien abgebrochen, der Kaiser Napoleon habe seine Truppen zusammengezogen, um neuerdings mit ganzer Macht überzugehen und eine Schlacht zu liefern. Die Beharrlichkeit des Erzherzogs Generalissimus in seiner Stellung mußte sich hiedurch gerechtfertigt zeigen, da der Feind keine bessere Gegend für seinen Versuch wußte, als diese gegen ihn vorbereitete und verteidigte. Mit einbrechender Nacht sahen wir in der vor uns liegenden Ebene die Alarmstangen brennen und das ganze Lager geriet in Bewegung. Der Kanonendonner verstummte zwar nach einiger Zeit, allein um 1 Uhr nachts erhielten die auf der Anhöhe bei Wagram lagernden Regimenter den Befehl, in der Stille anzutreten und rückten schweigend etwa anderthalb Stunden gegen die Donau hinab. Der erste, zweite und dritte Heerteil lagerten daselbst zwischen Breitenlee und Stadt Enzersdorf, der vierte Heerteil stellte sich bei Wittau, die Reiterei bei Raasdorf.

Jeden Augenblick erwarteten wir, daß der Feind angreifen würde. Das Kanonieren erneuerte sich von Zeit zu Zeit, allein die Franzosen rückten nicht vor, sondern begnügten sich, ihre begonnene Brückenschanze zu vollenden. Der Erzherzog begab sich zuerst nach Raasdorf, sodann nach Stadt-Enzersdorf und bestieg den dortigen Turm, um die Anstalten des Feindes zu überschauen. Darauf nahm er sein Hauptquartier in Breitenlee. Indeß mußte bald klar werden, daß die Anstalten an dieser Stelle für einen ernstlichen Übergang zu unbedeutend blieben; es war offenbar, daß der Feind hier nur die Aufmerksamkeit beschäftigen wolle und daß er seinen wahren Übergang entweder oberhalb bei Nußdorf oder unterhalb in der Gegend von Orth vorhabe, wobei das österreichische Heer in seiner jetzigen Stellung sogleich die rechte oder linke Flanke bloßgeben würde. Daher schien es vorteilhafter, bei der Ungewißheit, welchen Punkt der Feind wählen werde, die rückwärtige Stellung wieder einzunehmen, aus welcher man frei und leicht nach jeder nötigen Richtung hervorbrechen könne. Diesem Ratschlusse zufolge erhielten wir am 3. Juli mittags unvermutet Befehl, wieder in unsere vorige Stellung bei Wagram zurückzukehren.

Dieser Vor- und Rückmarsch ist in dem österreichischen Berichte unerwähnt geblieben, und doch war die Vorwärtsbewegung nicht gleichgiltig. Sie erlegte dem Feinde gleichsam eine Schlacht in ähnlichen Verhältnissen wie die von Aspern auf, während unser Rückmarsch ihm statt jener Enge die erwünschtere Ausdehnung freigab, in welcher die Schlacht von Deutsch-Wagram möglich wurde. Da diese verloren ging, so konnte man nachher bedauern, zu ihrer Entwicklung den Raum gegeben zu haben, den man, wie es schien, gleich anfangs versagen, wenigstens mit Vorteil streitig machen konnte, wenn man näher an der Donau den Kampf aufnahm.

Der Anschein, als sollte das Leben der vorigen Tage, ohne anderen Inhalt als Sonnenbrand und Staubwolken aufs neue fortgehen, dauerte diesmal nicht lange. Von den Absichten des Feindes hatte man keine zuverlässige Kenntnis, nur unsichere Vermutungen, doch deuteten alle seine Anstalten auf irgend ein großes Unternehmen.

Die Befestigungen der Lobau, die Herstellung und Sicherung der Hauptbrücken über den großen Arm der Donau, die Anlegung vieler Verbindungsbrücken zwischen der großen und den kleineren Inseln, die fortgesetzte Arbeit an Zimmerwerk und Schiffen, die Instandsetzung der Wege auf der Lobau, die Anfuhr von Geschütz und Pulverwagen, alles dies konnte nicht verborgen bleiben, am entscheidensten aber waren die Bewegungen der Truppen, die von der oberen und unteren Donau sich hierherzogen. Unter andern sah man vom Bisamberge aus, am 2. Juli, das sogenannte italienische Heer in jener Richtung anrücken. Der Erzherzog Generalissimus beschloß, das Unternehmen des Feindes zu

Johann, mit seiner Hauptstärke aus dem Brückenkopfe von Preßburg auf das rechte Ufer der Donau hervorzubrechen. Jetzt wurde diesem am 4. Juli um 7 Uhr abends der Befehl gesandt, seine Truppen

Übergang von der Lobau in das Marchfeld.

zerrütten, dem Hauptangriffe zuvorzukommen und ihm den Rückhalt zu verderben, den die Lobau darbot. Die österreichischen Abteilungen an der oberen Donau hatten Befehl erhalten, den Feind lebhaft zu beunruhigen; desgleichen der Erzherzog

wieder auf das linke Ufer herüberzuziehen und sogleich bis Marchegg vorzurücken, um für den Fall einer Schlacht auf die rechte Flanke des Feindes wirken zu können. Auch bei uns war ein kräftiges Eingreifen angeordnet. Am 4. Juli abends erhielten wir die Weisung, wenn in der Nacht kanoniert würde, bis Tagesanbruch in Ruhe zu bleiben, dann aber marschfertig zu sein. Wirklich begann, sobald es dunkel geworden, vor uns an der Donau ein heftiges Geschützfeuer, der Himmel leuchtete immerfort von den Blitzen der Kanonen, von den Wurfbahnen der Bomben und Granaten. Fast zwei Stunden dauerte der Wetteifer von beiden Seiten, denn die Franzosen hatten fast gleichzeitig auch

In seinem Zwecke lag zusammenhängendere Absicht und stärkerer Nachdruck. Sein Geschütz war zahlreicher und wirksamer. In kurzer Zeit stand Stadt-Enzersdorf in Flammen und unsere Batterien strebten fruchtlos gegen die feindliche Übermacht.

Nachdem die Gegend eine Zeitlang durch den Brand der kleinen Stadt erhellt gewesen, verdunkelte sich der Himmel mit schwarzen Gewitterwolken, der Regen strömte nieder, die Flammen minderten sich, das

Marschall Oudinot.

ihren Angriff unternommen, und während wir ihre Werke auf der Lobau zu zerstören dachten, die Zerstörung der unsrigen und die Einäscherung von Stadt-Enzersdorf vorbereitet. Das österreichische Geschütz vermochte wenig gegen die starken Werke der Lobau. Die französische Mannschaft auf der Mühlau, welche als vermutlicher Übergangspunkt am heftigsten beschossen wurde, legte sich nieder und litt nicht viel. Dagegen zeigte sich die Wirkung des feindlichen Angriffes bald nachteilig.

Geschütz feuerte seltener und verstummte zuletzt völlig. Ein furchtbares Sturmgewitter, wie niemand ein ähnliches erlebt zu haben meinte, wütete nun über das weite Marchfeld, das von dem Gekrache des Donners erbebte und im Brausen der Regenfluten und dem Geheul des Windes so ertoste, daß daneben auch das Geschütz hätte verhallen müssen.

Den Feind, dessen Vorsatz fest und reif und dessen Hilfsmittel bereit waren, mußte diese Sturmnacht äußerst begünstigen.

Er hatte die neben der Lobau ſtromabwärts auf dem linken Ufer über Mühlleiten und Wittau ſich erſtreckende Fläche zum erſten Antritt ſeines Überganges erſehen, wo ſeine Truppen ungehindert Fuß faſſen und im Angeſichte des Brandes von Groß-Enzersdorf ſich rechtshin ungehindert entwickeln konnten. Dieſe Richtung hatte man öſterreichiſcherſeits am wenigſten möglich erachtet. Sie war kühn und gefahrvoll, beſonders wenn der vierte öſterreichiſche 1500 Voltigeurs unter der Anführung des Generals Conroux überſetzen. Sie wurden von dem Oberſten Baſte mit 10 Kanonierſchaluppen begleitet, deren Feuer die Landung beſchützte. Die öſterreichiſchen Vorpoſten zogen ſich aus den Schanzen, welche ſie hier aufgeworfen und mit einigen Feldſtücken beſetzt hatten, ohne Verluſt zurück und der Feind konnte ſich vor Mühlleiten auf der Schuſterwieſe und dem Hanſelgrunde feſtſetzen. Gleichzeitig war der Oberſt

Marſchall Maſſèna.

Heerteil bei Wittau ſtehen blieb oder ſogleich wieder dorthin vorrückte. Es gehörte zu ihrem Erfolge die ganze Meiſterſchaft der gründlichen Anordnungen und zutreffenden Berechnungen Napoleons, die ſichere Ausführung aller ſeiner Befehle durch ebenſo ſtrenge als geſchickte Werkzeuge, die Schnelligkeit und Kraft, welche dadurch ſeinen Bewegungen verliehen war. Er rechnete darauf, den bedenklichen Augenblick ſchon überſtanden zu haben, bevor der Gegner ihn benutzen könnte. Schon um 10 Uhr abends ließ der General Oudinot Sainte Croix, Adjutant des Marſchalls Maſſèna, mit 2500 Mann übergeſchifft und weiter abwärts bei Schönau gelandet. Hierauf wurden in der Eile ſechs Brücken geſchlagen, zu denen alle Gerätſchaft fertig gehalten war. In raſchem Laufe zog zuerſt das Fußvolk des Marſchalls Maſſèna, nebenan deſſen Reiterei und Geſchütz, auf das linke Ufer, weiter abwärts die Truppen des Marſchalls Davout, des Generals Oudinot; ſtill und geordnet nahmen ſie ihre vorher beſtimmten Stellungen. Um 3 Uhr morgens ſtanden mehr als 40.000 Mann zusammengedrängt bei Mühlleiten, während die übrigen Truppen eiligst nachrückten. Erst um Mittag trafen die letzten ein, während die vordersten schon im vollen Gefecht und Vormarsch waren.

Die anfängliche Schlachtordnung war folgende:

Marschalls Bernadotte oder der neunte Heerteil, das italienische Heer unter Anführung des Vizekönigs Eugen und der elfte Heerteil des Marschalls Marmont; als Schluß und Rückhalt die Garden und die Kürassiere. Die ganze Streitmacht Napoleons betrug hier mehr als 160.000

Eugen Beauharnais,
Vizekönig von Italien.

Im ersten Treffen als linker Flügel, zunächst der Donau, der vierte Heerteil, unter dem Marschall Massena; als Mitte der zweite Heerteil, unter dem General Oudinot befehligt; als rechter Flügel gegen Wittau der dritte Heerteil, unter dem Marschall Davout; hinter diesem, als zweites Treffen, die Truppen des

Mann, worunter 15.000 Mann Reiterei nebst 600 Kanonen. Übergang und Aufstellung waren mit bewundernswerter Schnelligkeit und Haltung, im Sturm und Regen und bei größter Dunkelheit begonnen, wie nachher im vollen Tagesglanze vollendet worden.

Die erste Morgenfrühe des 5. Juli beleuchtete dieses gelungene Ergebnis. Der

Sturm hatte sich inzwischen gelegt, die Sonne versprach einen heiteren Tag und nach 4 Uhr erhob sich mit erneuerter Gewalt der Donner des Geschützes. Neue Rauchsäulen stiegen aus Stadt-Enzersdorf empor. Marschall Massèna ließ durch St. Croix und Pelet den Ort wiederholt angreifen, den ein Bataillon des Regiments Bellegarde

die Angriffslinie Napoleons, überall durch zahlreiches vorangehendes Geschütz bezeichnet. Der Marschall Davout drängte die österreichischen Vortruppen von Großhofen zurück und zog rechts von Rutzendorf gegen Markgraf-Neusiedl heran, seine äußerste Rechte durch zwei Dragonerdivisionen unter den Generalen Grouchy und Pully, sowie durch eine Division leichter Reiterei

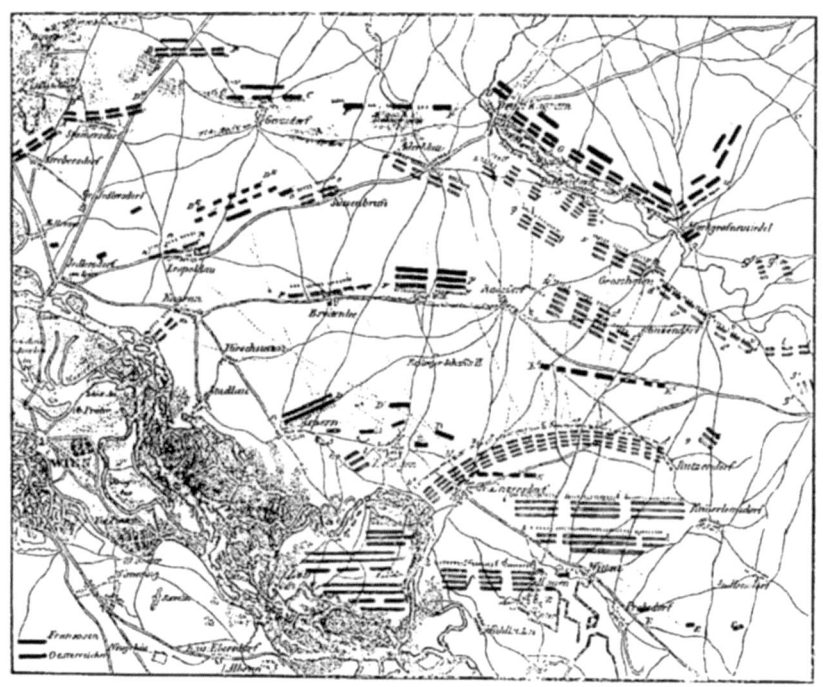

Schlacht bei Deutsch-Wagram am 5. Juli 1809.

(44. Inf.-Regt.) tapfer verteidigte, aber der Oberst St. Croix endlich wegnahm. Ebenso wurde das Schloß Sachsengang, zwischen Mühlleiten und Wittau nach kurzem Widerstand erobert.

Ein Teil der österreichischen Vortruppen unter dem General von Nordmann bedrohte, über Rutzendorf anrückend, noch einen Augenblick die rechte Flanke der Franzosen, allein der General Oudinot drängte sie bald zurück und unaufhaltsam entfaltete sich nun

unter dem General Montbrun gedeckt. Die Mitte unter dem Marschall Bernadotte wandte sich gegen Pysdorf und Raasdorf; der Marschall Massèna rückte rechts gegen Breitenlee vor, links hielt er sich an der Donau und besetzte, nach Maßgabe, daß sie geräumt wurden, die österreichischen Verschanzungen von Eßlingen und Aspern. Diese Verschanzungen, gegen die Lobau gerichtet, waren im Rücken offen und durch die Bewegung des Feindes jetzt überflügelt

nicht mehr haltbar. Sie wurden nur langsam verlassen und sogar die schwersten Geschütze ruhig mit fortgeführt.

Der Erzherzog Generalissimus hatte
den raschen und unter Begünstigung der
stürmischen Nacht so glücklich gelungenen
Übergang nicht mehr hindern können. Die
feindliche Stärke hatte nicht nur Fuß gefaßt, sondern sich auch schon beträchtlich
ausgebreitet und zum ferneren Angriffe

Die Truppen waren in nachfolgender
Weise eingeteilt. Eine Vorhut von allen
Waffen, unter dem Befehl des FML. von
Nordmann, hatte vorwärts an der Donau
gestanden. Weiter hinauf lehnte sich an
den Strom rechts der sechste Heerteil unter
den FML. Grafen v. Klenau, welcher
den Frh. v. Hiller, mit dem der Oberfeld-
herr unzufrieden war, in dieser Befehl-
führung abgelöst hatte. Weiter zurück hiel

Graf von Klenau,
General der Kavallerie.

günstig geordnet. Ihre sämtlichen Heerteile
waren in zusammenhängender Bewegung,
überall wechselseitiger Unterstützung fähig,
und versichert. Die österreichischen Heerteile
aber standen noch viel zu weit auseinander,
als daß sie dem so rasch entwickelten Feinde
gleich mit gehöriger Macht hätten ent-
gegenrücken und ihn gegen die Donau
zurückwerfen können. Die Gesamtstärke der
Österreicher betrug nicht voll 100.000 Mann,
nebst 410 Stück Feldgeschütz.

der fünfte Heerteil unter dem FZM. Fürsten
von Reuß-Plauen die Umgegend des Bi-
samberges besetzt; dann folgte linkshin rückwärts der dritte Heerteil unter dem FZM.
Grafen v. Kolowrat bei Hagenbrunn, hierauf die von sämtlichen Regimentern zu-
sammengezogenen Grenadiere unter dem
FML. v. Prochaska bei Seyring und
bei Breitenlee die Masse der Reiterei unter
dem General der Reiterei Johann Fürsten
von Liechtenstein; ferner bei Wagram

der erste Heerteil unter dem General der Reiterei Grafen v. Bellegarde, und in derselben Richtung angeschlossen, bei Bau-

Es wären daher zu jenem Zwecke nur die drei Heerteile hinter dem Rußbach nebst der Reiterei zur Hand gewesen, die

Fürst Johann Josef von und zu Liechtenstein,
General der Kavallerie.

mersdorf der zweite Heerteil unter dem FML. Fürsten von Hohenzollern und der vierte Heerteil bei Markgraf-Neusiedl unter dem FML. Fürsten von Rosenberg.

Grenadiere nicht sogleich und die beiden Heerteile am Bisamberge standen noch fast zwei Meilen entfernt. Unter diesen Um-ständen sah sich der Erzherzog Generalissimus genötigt, die Schlacht nicht an der Donau, sondern erst weiter rückwärts anzunehmen, die Zeit des Anrückens der Franzosen zur Zusammenziehung seiner Kräfte zu verwenden und in der vorteilhaften Stellung, die er zwischen Stammersdorf und Markgraf-Neusiedl einnahm, den Sinne traf er alle Anordnungen. Die Vortruppen hatten den Befehl, sowie auch die längst der Donau vorgeschobenen Abteilungen des sechsten Heerteils, sich fechtend zurückzuziehen und sich, jene dem linken Flügel, diese dem rechten der Hauptstellung anzuschließen. Der vierte Heerteil und die

Enrico Conte di Bellegarde.

ersten Stoß abzuwehren, dann aber mit aller Stärke selbst anzugreifen, sich vorzugsweise auf den linken Flügel des Feindes zu werfen, ihn von seiner Brückenverbindung abzudrängen und durch das unerwartete Eintreffen des Erzherzogs Johann in der rechten Flanke und im Rücken des Feindes den Hauptschlag zu tun. In diesem Grenadiere wurden aus ihrer zu großen Entfernung näher herangezogen, um hiedurch den weiten Halbkreis, welchen das Heer bildete, enger zusammenzuziehen. Die an die obere Donau bei Krems und Linz entsendeten Truppen waren zu fern und in jenen Gegenden, besonders wenn der Feind eine Niederlage erlitt, zu wichtig, um auch sie herbeizurufen. Dagegen wurde dem Erzherzog Johann am 5. Juli früh morgens nach Preßburg ein neuer Befehl gesandt, mit allen dortigen Truppen ungesäumt aufzubrechen, über Marchegg heran zu marschieren und in Gemeinschaft mit dem linken Flügel des Heeres an der Schlacht teilzunehmen. Derselbe Befehl wurde gleich darauf nochmals wiederholt, weil die Besorgnis, daß der linke Flügel des Heeres, der keinen rechten Stützpunkt hatte und seitwärts bloßgegeben war, bis zur entscheidenden Stunde einen schweren Stand haben könnte, das Herbeikommen frischer Truppen auf dieser Seite noch besonders zu beschleunigen fand. Der am 4. Juli abends nach Preßburg abgesandte Kurier war am 5. früh dort eingetroffen; die folgenden kamen ebenfalls ungehindert an; aus den zurückkehrenden Nachrichten ergab sich, daß zwar am selbigen Tage jene Truppen nicht mehr zu erwarten seien, daß aber ihrer Ankunft früh am 6. Juli auf dem Schlachtfelde kein Hindernis entgegenstehe.³ Bis dahin jedoch schien der Kampf sich leicht und gewiß ausdehnen und schwebend erhalten zu müssen, da so große Kräfte in so weiten Räumen sich auszutoben hatten.

Zur näheren Beobachtung des Feindes war ein Teil der Reiterei des Fürsten von Liechtenstein von Breitenlee gegen Raasdorf und Pohsdorf vorgerückt, wo sie gegen Mittag ein lebhaftes Gefecht mit dem über Rutzendorf andringenden Heerteile des Marschalls Bernadotte bestand und die sächsische Reiterei desselben mehrmals zurückwarf. In diesem Begegnen fügte es der Zufall, daß auch zwei Regimenter aufeinandertrafen, österreichische Kürassiere und sächsische Dragoner, welche beide von demselben Inhaber, dem Herzog Albert von Sachsen-Teschen, den Namen führten. Die österreichische Reiterei behauptete eine Zeit lang das Feld, mußte dann aber dem zahlreich entwickelten Fußvolk und Geschütz weichen. Sein Hauptabsehen hatte der

FML. Prinz Hohenzollern-Hechingen.

Kaiser Napoleon auf die Stellung von Wagram selbst und auf den linken Flügel der Österreicher gerichtet, dessen äußerste Spitze durch einen alten viereckigen Turm bei Marfgraf-Neusiedl bezeichnet wurde. Österreichischerseits erkannte man die Richtung sehr wohl, besetzte die Anhöhe jenes Turms mit einer Batterie und wollte sogar in der Eile noch Schanzen aufwerfen. Aber der Anmarsch des Feindes ließ wenig Zeit zu neuen Vorkehrungen. Nachmittags hatte Napoleons rechter terien. Das Fußvolk erhielt Befehl, sich auf die Erde niederzulegen, und die feindlichen Kugeln trafen anfangs wenig. Da jedoch der Feind unaufhörlich vorrückte, so stellten die Regimenter sich alsbald ins Gewehr. Der Erzherzog Generalissimus sprengte mit seinem Stabe vorüber und hielt dann vor unserer Front. Er teilte Befehle aus, blickte in die Ebene nieder, wo die feindliche Linie stets näher rückte. Man sah es ihm an, daß er Gefahr und Tod nicht achtete, daß er ganz in

Artillerie-Oberst Josef Freiherr von Smola.

Flügel Glinzendorf erreicht; seine Mitte stand in Raasdorf. Am wenigsten war der linke Flügel vorgedrungen, er hielt nur Aspern besetzt.

Immer stärkere Batterien fuhren auf, immer größere Truppenmassen kamen ins Gefecht, die ganze Linie stand im Feuer und rückte immer vor.

Wir hatten von unserer höheren Stellung bisher den Bewegungen und Kämpfen vor uns wie einem Schauspiele zugesehen. Jetzt rückte der Kampf näher heran, die Luft über uns sauste von Kanonenkugeln, die man uns verschwenderisch zuschickte und bald trachten antwortend auch unsere Bat- seinem Beruf als Feldherr lebte. Der Entscheidungskampf schien seinem ganzen Wesen ein nachdrücklicheres Ansehen zu verleihen, eine höhere Spannung voll freudigen Mutes, den er auch rings um sich her einflößte. Die Soldaten blickten auf ihn mit Stolz und Zuversicht, manche Stimme begrüßte ihn. Nachdem er weiter gegen Baumersdorf geritten war, kam einer seiner Adjutanten rasch zurück und rief: „Freiwillige vor!" Sogleich war fast die ganze Kompagnie des Hauptmanns von Marais bereit. Wir dachten, es gelte die nächste Batterie des Feindes zu stürmen, welche durch die vorliegenden Kornfelder herannahte und jauchzend mit lautem Geschrei eilten wir den Abhang hinab. Da kam ein zweiter Adjutant mit dem Befehl, wir sollten nur den Rußbach besetzen, dort den Übergang verteidigen, aber nicht eher feuern, als bis der Feind ganz nahe sei. In Plänkler aufgelöst, hinter Weidenstämmen und hohem Korn, harrten wir schußfertig, gegen die Kanonenkugeln gedeckt, aber durch Flintenschüsse und Haubitzgranaten getroffen, die der Feind zahlreich auf unsere Gegend wunderten wir den tätigen Eifer und die wackere Ausdauer, durch welche der ungleiche Kampf dennoch unterhalten wurde. Da unser Geschütz batterieweise vereinigt stand, so konnte der Feind sich ihm leichter entziehen, dagegen das seinige längs der ganzen Linie auf allen Punkten wie ausgesäet war und gleichsam anstatt der Plänkler überall das Gefecht eröffnete. Gegen Baumersdorf allein hatte der General Oudinot 40 Kanonen vereinigt und

GM. Graf Ignaz Hardegg.

richtete. Über eine Stunde weilten wir hier, unter dem unaufhörlichen Krachen des Geschützes, das über uns hinwegschoß[*]). Leider mußten wir bald bemerken, daß das feindliche die Übermacht der Zahl hatte und wenigstens doppelt so viel Schüsse lieferte, als das unsere, welches doch weit bessere Bedienung hatte. Um so mehr be-

wiederholt war sein Fußvolk, die Divisionen Grandjean und Tharreau, in den brennenden Ort eingedrungen, aber von dem tapferen General Grf. Ignaz von Hardegg immer wieder zurückgeschlagen worden.

Der Kaiser Napoleon indeß sah mit Ungeduld den Tag unentschieden hingehen, er glaubte den Hauptschlag noch heute ausführen zu können und wollte nicht umsonst sein Übergewicht hierher gewendet haben. Rasch ordnete er seine Truppen zum Sturm.

[*]) Die Geschützbatterien der Österreicher kommandierte hier der rühmlichst bekannte Oberst Freiherr v. Smola. (D. H.)

Der Marschall Bernadotte erhielt Befehl, über Aderklaa gegen Wagram vorzudringen und durch Wegnahme dieses Orts die Mitte der österreichischen Linie zu sprengen. Zwei gedrängte Sturmscharen sollten zu gleicher Zeit rechts und links von Baumersdorf über den Rußbach dringen, die Höhen der österreichischen Stellung ersteigen und die dortigen Truppen aufrollen. Feindliches Fußvolk war mittlerweile schon dicht an unsere Stellung herangekommen. Die Plänkler wurden vom unter ihr. Alles aber, auch der Donner des zahlreichsten Geschützes, dünkte mich gering gegen das Sturmgetöse des sogenannten Kleingewehrs, dieser Waffe, durch welche gewöhnlich auch unsere neueren Schlachten zumeist mörderisch werden. Indem dieses Feuer eine Weile lebhaft anhielt und der Erzherzog Generalissimus nach Wagram sprengte, weil auch dort das Schießen zunahm, hieß es plötzlich, feindliche Reiterei breche auf dem linken Flügel hervor. Es war aber nicht Reiterei, sondern

Marschall Bernadotte.

Rußbach zurückgerufen und traten in die Linie wieder ein, längs deren ganzer Ausdehnung sich nun ein furchtbares Gewehrfeuer entspann. Dieser ungeheure Lärm des immerfort erneuten Losknallens und noch weit mehr das unendliche Eisengeräusches von mehr als 20.000 Flinten in solcher Nähe und Enge, war eigentlich der einzige neue und wunderbare Eindruck, der mir in diesen ersten Kriegsauftritten, die ich erlebte, zuteil wurde.

Alles andere war teils meiner vorausgefaßten Vorstellung gemäß, teils sogar Fußvolk, welches auf die Höhen stürmend eindrang. Der Brand von Baumersdorf und der Pulverdampf des Geschütz- und Gewehrfeuers begünstigte den Überfall. Ein Schwarm von Plänklern, in wilder Unordnung und mit Geschrei anlaufend, brach zuerst die Bahn. Hierauf ging rechts von Baumersdorf ein Teil der französischen Garden unbemerkt über den Rußbach. Sie erschienen plötzlich auf der Höhe und stürmten gegen den linken Flügel des Heerteiles von Hohenzollern, wo jedoch der General Buresch an der Spitze der Regimenter Zach

(15. Inf.-Regt.) und Josef Colloredo sie mit Entschlossenheit empfing und der Fürst von Hohenzollern das Chevauxlegers-Regiment Vincent gegen sie anführte. In dem Gefolge dieses tapferen Generals müssen wir den damals neunzehnjährigen Husarenleutnant Josef v. Zedlitz anmerken, der schon im Laufe des Krieges durch Tapferkeit sich ausgezeichnet hatte, späterhin als deutscher Dichter berühmt wurde.

nen, geführt von den Generalen Macdonald und Lamarque, denen zwei andere Divisionen, vom General Grenier befehligt, unter des Vizekönigs eigener Anführung nachrückten, benutzte eine Schlucht, welche sie schnell auf die Höhe und gerade auf den Zwischenraum des ersten und zweiten Heerteiles führte. Sie warfen sich gegen den Flügel des ersten und begannen denselben aufzurollen. Der französische General Dupas führte den Angriff mit aller Kraft; es

Marschall Macdonald.

Durch das Gewehrfeuer des standhaften Fußvolkes erschüttert, durch das ungestüme Einhauen der Reiter übereinander geworfen, war der Feind schnell genötigt, über den Rußbach zurückzuweichen. Der General Gf. Ignaz v. Hardegg brach nun aus Baumersdorf hervor, fiel auf die Fliehenden und trieb sie mit großem Verlust weit in die Ebene gegen Raasdorf.

Der links von Baumersdorf über den Rußbach gedrungene Feind, zwei Divisio-

erhob sich ein scharfer Kampf, man wechselte Gewehrfeuer in größter Nähe; man erhob die Kolben und legte das Bajonett ein. Der feindliche Stoß auf unsern linken Flügel war jedoch zu heftig, als daß die schwache Linie hätte widerstehen können. Sie wurde gesprengt, die äußersten Enden schlugen sich in Hacken um, und die Regimenter Argenteau, Vogelsang und ein Teil von Erzherzog Rainer sahen sich auf das zweite Treffen zurückgeworfen. Im ersten Anstürmen des

Schlacht bei Deutsch-Wagram.

Max Freiherr von Wimpffen,
Chef des Generalquartiermeisterstabes.

Feindes traf mich ein Schuß durch den Oberschenkel und ich konnte von nun an nur müßiger Zeuge der fernern Vorgänge sein, welche das Schlachtfeld darbot.

Die Verwirrung war eine Zeit lang sehr groß und konnte schlimme Folgen haben. Der Erzherzog Generalissimus, begleitet von seinen Gehilfen, den Generalen Graf von Grünne und Freiherrn von

(42. Infanterie Regiment), von dem Major von Fromm angeführt, in Divisionsmassen heran und warf die Stürmenden zurück. Der Fürst von Hohenzollern, mit seinen tapferen Chevaurlegers von dem siegreichen Einhauen wiederkehrend und diese zweite Abteilung des Feindes wahrnehmend, säumte nicht, auch diese anzugreifen. Und während sie unter den Säbelstreichen

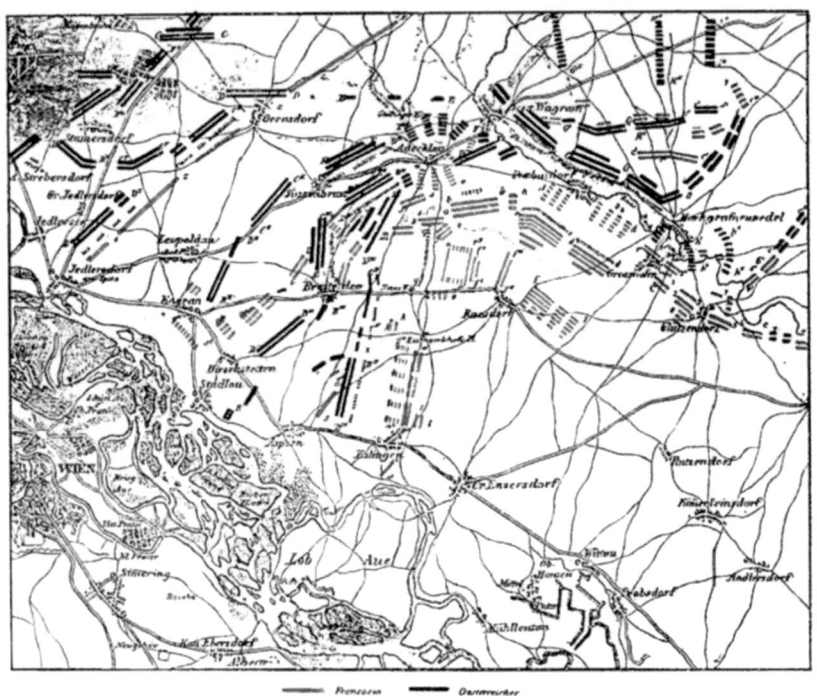

Schlacht bei Deutsch-Wagram am 6. Juli 1809.

Wimpffen, eilte selbst herbei, rief und ordnete die Truppen und führte sie persönlich gegen den Feind wieder vor. Der General Graf von Bellegarde bewies denselben Eifer; der Oberst von Bentheim ergriff eine Fahne des von ihm befehligten Regiments Vogelsang, ermutigte durch Ruf und Beispiel die Truppen und gewann mit ihnen im Sturmschritt den verlorenen Boden wieder. Zugleich eilte aus dem zweiten Treffen das Regiment Erbach

blutete, richtete zugleich der Oberleutnant Löffler eine halbe Batterie mit Kartätschenschüssen in die Flanke der Flüchtigen. So von allen Seiten und von allen Waffen gedrängt und zerschmettert, erleiden die Franzosen ungeheuern Verlust. Sie sind ohne Geschütz, weil dasselbe nicht über den Rußbach hatte folgen können. Ihre Reiterei, vom General Sahuc befehligt, nach großen Schwierigkeiten endlich kühn hinüberdringend, will zwar die Sachen aufnehmen, aber auch sie wird von dem Fürsten von Hohenzollern, der zu den Chevaurlegers von Vincent noch vier Schwadronen Husaren von Hessen-Homburg heranzieht, völlig niedergerannt und nur Trümmer retten sich. Überall, wo der Kampf am heißesten, sah man den Erzherzog Generalissimus voran.

Der Hauptmann von Weitenfeld vom Regimente Vogelsang hieb einen Franzosen nieder, der eben auf den Erzherzog ganz nah sein Gewehr abschießen wollte; ein französischer Offizier, der in der Verwirrung noch einen guten Fang zu machen dachte, wurde zusammengeschossen, als er schon dem Erzherzoge zurief, er solle sich ergeben. Der Erzherzog bekam einen Streifschuß, ungeachtet dessen er aber zu Pferde blieb und seine Aufmerksamkeit auf sein Feldherrnamt keinen Augenblick unterbrach. Der damalige Prinz von Oranien, jetzige König der Niederlande, der im österreichischen Heere als General diente, hatte schnell hintereinander zwei Pferde unter dem Leibe verloren. Auf beiden Seiten war großer Verlust an Toten und Verwundeten. Die Österreicher, als zuletzt im Vorteil, machten viele Gefangene, unter ihnen einen General und mehrere Stabsoffiziere. Eine Fahne wurde vom vierten Legionsbataillon erobert, eine des Regiments Argenteau ging verloren, weil der Fahnenträger niedergehauen war. Dagegen riß, diesen Schimpf zu rächen, der Oberleutnant Tittmayer desselben Regiments einen französischen Adler aus Feindesreihen. Der Erzherzog Generalissimus verlieh auf der Stelle, nach der ihm zustehenden Befugnis, mehrere Belohnungen für tapfere Taten, unter andern dem Regiment Erbach das Vorrecht, den Grenadiermarsch zu schlagen.

Inzwischen hatte auch der Marschall Davout mit einem Teile seiner Truppen bei Markgraf-Neusiedl den Rußbach überschritten, und während er die österreichische Stellung aus 40 Kanonen in der Front mit größtem Nachdruck beschoß, griffen die beiden Divisionen Morand und Friant auf dem linken Ufer des Rußbaches den Ort heftig an, während die leichte Reiterei des Generals Montbrun die linke Flanke der Österreicher zu ge=

winnen suchte. Alle diese Angriffe wurden durch den Fürsten von Rosenberg mutig abgeschlagen und mit einbrechender Nacht mußten die Franzosen über den Rußbach zurückweichen. Sie lagerten hinter Glinzendorf.

Etwas später, als diese gescheiterten Angriffe, kam der gegen Wagram gerichtete zur Ausführung. Der Marschall Bernadotte führte die Sachsen gegen diesen Ort, welchen der Oberst von Oberndorf mit dem Regimente Reuß-Plauen heldenmütig verteidigte. Nachdem dieser aber verwundet worden war, drang der Feind auf kurze Zeit durch den Eingang von Aderklaa her in die Mitte des Dorfes ein, wurde jedoch durch zwei Bataillone, die von beiden Seiten anrückten, in ein mörderisches Kreuzfeuer genommen und mit großem Verlust an Toten, Verwundeten und Gefangenen hinausgeschlagen. Die Dunkelheit hemmte jede weitere Unternehmung, manches brennende Dorf jedoch beleuchtete hin und wieder die Gegend. Ganz in unserer Nähe loderten hohe Flammen von Baumersdorf und Wagram auf. Dieser schauerliche Anblick und der freudige unseres Obersten, mit der Fahne in der Hand waren die letzten, die ich von dem Schlachtfelde mit mir nahm. Lange noch, während ich mit andern Verwundeten langsam zurückgebracht wurde, flogen die Kanonenkugeln um uns her, bis tief in die Nacht hörten wir den Geschützdonner, allein er entfernte sich mehr und mehr und uns begleitete der Eindruck eines siegreichen Vorschreitens.

Wirklich war das höchst gewagte, aber großartige Unterfangen Napoleons, das noch unerschütterte Heer im ersten Anlaufe zu sprengen, gänzlich fehlgeschlagen und in eine teilweise Niederlage ausgegangen. Er konnte seinen Verdruß und Grimm darüber nicht verhehlen und beschuldigte teils den üblen Zufall, daß Franzosen und Sachsen aus Irrtum aufeinander geschossen haben sollten, teils die Lässigkeit des Marschalls Bernadotte, dem er ohnehin schon grollte und den er in der Meinung herabsetzen mochte. Jedoch konnte er seinem Glücke noch danken, welches zwar den raschen Sieg ihm heute noch versagte, aber auch größeres Unheil ihm abwandte. Denn hätte der Erzherzog Generalissimus hier noch frische Truppen ins Gefecht bringen oder über eine zahlreichere Reiterei verfügen und seinen Vorteil augenblicklich mit Nachdruck verfolgen können, so würde es um das französische Heer schlecht ausgesehen haben. Die vier, von der Höhe zurückgeschlagenen Divisionen warfen sich auf die rückwärts stehenden und rissen sie mit sich fort; die ganze Linie war in größter Verwirrung und wich während der Nacht immerfort zurück. Nur die kaiserliche Garde stand bei Raasdorf unerschüttert und gab einen festen Anhalt, um welchen sich die Truppen wieder sammelten. Die österreichischen Heerteile aber, welche noch nicht gefochten hatten, waren zu fern, auch ihren schon früher festgesetzten Bestimmungen nicht ohne Gefahr zu entziehen. Die gesamte Reiterei bei dem Heere betrug nicht über 10.000 Mann, und von diesen waren starke Abteilungen einzeln verwendet, andere schon den ganzen Tag im Gefecht gewesen. Die Nacht verfloß daher ohne weitere Unternehmung und beide Teile benutzten sie nur, um den Kampf am nächsten Tage mit gerüsteten Kräften zu erneuern. Den Verfolg dieser Ereignisse, welche bisher aus unmittelbarem Anschauen erzählt worden, liefern vielfache Nachrichten, denen eine sichere Prüfung und zuverlässige Gestalt um so leichter zu geben war, als für so eng verknüpfte Begebenheiten jener Vorteil auch da, wo er eigentlich schon aufhört, noch gewissermaßen nachwirkt.

Diesmal scheint auf österreichischer Seite der Überblick und Entschluß, was nunmehr zu tun sei, schneller und kräftiger gefaßt worden zu sein, als auf französischer, wo der ungünstige Ausgang des letzten Gefechts in der Dunkelheit nur Ungewißheit und Schwanken erhielt. Der Kaiser Napoleon begnügte sich, während der Nacht seine Truppen bei Raasdorf zusammenzuziehen, um aus dieser Mitte sie leichter in jeder Richtung verwenden zu können, und erst mit Tagesanbruch entschied er sich zu neuen Angriffsbewegungen. Der Erzherzog Generalissimus aber ließ noch vor Mitternacht aus Wagram, wo er nach gelöschtem Brande in einem der geretteten Häuser*) wiederum sein Hauptquartier genommen, für die zu erneuernde Schlacht

an sämtliche Befehlshaber folgende Anordnungen ergehen:

Der rechte Flügel, bestehend aus dem sechsten und dritten Heerteil und den Grenadieren, sollte sich auf den feindlichen linken Flügel werfen und rechts, an die Donau gestützt, in gleichlaufender Richtung mit dem Flusse, von Stammersdorf gegen Breitenlee und Süßenbrunn vordringen, in der linken Flanke durch die Reiterei des Fürsten von Liechtenstein gedeckt. Mit dieser Bewegung im Zusammenhang bestimmte sich das Vorrücken der Mitte, der erste Heerteil nach Aderklaa, links an den Rußbach gestützt, jedoch die Höhe links von Wagram auch noch besetzt haltend, welche Stellung gleichfalls dem zweiten Heerteil angewiesen blieb. Der linke Flügel oder der vierte Heerteil erhielt den Auftrag, den feindlichen angreifend zu beschäftigen, bis der Erzherzog Johann demselben von Preßburg her in den Rücken fiele. Der fünfte Heerteil blieb als Rückhalt in seinen Posten an der obern Donau, wo der Feind gleichfalls Truppen zeigte und von dem dritten Heerteile wurde eine Brigade nebst einer Batterie auf der Höhe von Stammersdorf aufgestellt. Der sechste und dritte Heerteil sollten um 1 Uhr aufbrechen, die Grenadiere um 3 Uhr, der erste und vierte Heerteil um 4 Uhr. Die Stille wurde besonders empfohlen und das unwirksame Schießen auf zu große Entfernungen verboten. Die Schlachtordnung des Fußvolks waren Bataillonsmassen mit Plänklern voran. Diese Schlachtordnung hatte der Erzherzog Generalissimus bei dem Heere eingeführt und sie war in der Schlacht bei Aspern durch den größten Erfolg bewährt werden. Die Bataillone, jedes gewöhnlich zu sechs Kompagnien, stellten diese zu zwölf bis achtzehn Gliedern Tiefe und bildete hiedurch gefüllte Vierecke, welche, in großen Zwischenräumen von einander aufgestellt, eine Reihe von undurchdringlichen Körpern darboten. Sie marschierten in dieser Ordnung, schlugen Reiterangriffe zurück, stürmten ihnen sogar entgegen, wurden im Weichen nicht leicht zersprengt; gegen Geschütz waren sie im Nachteil, doch gab es auch hiergegen manche Aushilfe.

Der ganze Angriff war berechnet, den Feind von seiner Verbindung mit der

---

*) Es war das Haus C. Nr. 63. (D. H.)

Lobau abzuſchneiden und in die Ebene des Marchfeldes zu verſprengen. Der Schnellig=keit und Kraft des Entſchluſſes entſprach leider die Ausführung nicht. Schon die

Friſten die gewohnte Ordnung leiſten konnte. Neue Befehle an den Erzherzog Johann zur Beſchleunigung ſeines Anrückens, wur=den am 6. Juli früh um 2 Uhr abgefertigt.

Marſchall Davout.

überbringung der einzelnen Befehle ver=zögerte ſich in der Dunkelheit der Nacht. Für die Truppenbewegung ſelbſt aber wäre bei ſo großen Räumen ein raſcheres Ein=ſchreiten nötig geweſen, als in ſo kurzen

Der Kaiſer Napoleon, welcher in dieſer Schlacht keineswegs mit ſo ſicherer Über=legung und Vorausſicht, als man ſpäter wollte glauben machen, einen feſten Plan verfolgt, ſondern mehrmals ſchwankend nur nach den Umständen des Augenblicks verfahren zu haben scheint und dabei große Wagnisse beging, dachte am 6. Juli den am vorigen Abend fehlgeschlagenen Versuch zu erneuern, aber mit größerer Vorsicht und Stärke. Er zog deshalb seine Macht mehr zusammen gegen die Mitte seines Heeres, in die Gegend bei Raasdorf, wo die Gezelte seines Hauptquartiers aufgeschlagen waren und er selbst an der Spitze seiner Garde, während der weitern Schlacht, sich aufhalten wollte. Der Marschall Davout mußte mit dem rechten Flügel sich dieser Mitte nähern und hinter Großhofen aufstellen, der Marschall Massèna mit dem linken Flügel die Donau verlassen, wo nur die Division Boudet bei Aspern zum Schutze der Lobaubrücken stehen blieb und sich rechts gegen Aderklaa heranziehen. Schon waren diese Bewegungen angeordnet und Napoleon harrte ungeduldig ihrer Ausführung, als unerwartet das Feuer des Geschützes und des Kleingewehres längs der Linie von Markgraf-Neusiedl bis Wagram begann und durch sein Näherkommen zeigte, daß die Österreicher zum Angriff vorrückten. Napoleon bewunderte diese Kühnheit und traf seine Anstalten nur desto sorgsamer, um seinem entschlossenen Gegner keine Blöße zu geben. Kein Ungestüm, keine Verwegenheit fand in den nächsten Stunden auf der Seite der Franzosen statt. Sie wichen auf mehreren Punkten zurück und es bedurfte mannigfacher Vorbereitung, ehe die gewohnte Leitung des Kampfes wieder für sie zu gewinnen war. Ein erneuter Versuch gegen Wagram, wie er wohl im Sinne Napoleons gelegen haben mag, wäre in diesem Augenblicke schon deshalb unmöglich gewesen, weil auch auf dieser Seite der Angriff der Österreicher im Vorteil war.

Der erste Heerteil nämlich, bei welchem der Erzherzog Generalissimus seinen persönlichen Aufenthalt wählte, hatte das wenigst ferne Ziel für seinen Marsch. Der Rittmeister von Tettenborn machte an der Spitze einer Schwadron von Klenau-Chevaulegers den Vortrab, fand Aderklaa von den Sachsen verlassen, die während der Nacht nach Raasdorf abgezogen waren und besetzte das mit sächsischen Verwundeten angefüllte Dorf. Hierbei nahm er mehrere Offiziere gefangen, darunter einige vom Generalstabe des Marschalls Bernadotte, warf dann die nächsten feindlichen Posten zurück und schloß darauf dem Regimente sich wieder an, welches vorgerückt war, um zwei Batterien zu decken, deren Feuer den Feind nötigte, den rechten Flügel seines an den Rußbach vorgerückten Treffens, die Division Dupas, gegen Raasdorf zurückzunehmen. Aderklaa wurde von Jägern und dem Fußvolk unter dem General Karl v. Stutterheim besetzt, der ganze Heerteil rückte zwischen Aderklaa und Wagram vor, das erste Treffen in Bataillonsmassen mit gehörigen Zwischenräumen, das zweite hinter demselben in geschlossener Linie. Hier entspann sich der erste Kampf dieses Tages, und weil die andern Heerteile noch im Anrücken waren, so konnte der Feind das ganze Geschützfeuer seiner bei Raasdorf vereinigten Truppen gegen diesen Angriff wenden. Die Österreicher kamen daher bald wieder in Nachteil, da ihr minderes Geschütz gegen entschiedene Übermacht ringen mußte; dennoch unterhielten sie den Kampf mehrere Stunden hindurch mit fester Standhaftigkeit.

Inzwischen war der vierte Heerteil von den Anhöhen bei M.-Neusiedl um 4 Uhr aufgebrochen und rückte gegen Großhofen und Glinzendorf vor, um diese beiden Dörfer zu nehmen, welche der Marschall Davout mit Geschütz und Fußvolk besetzt hielt, während Reiterei in zwei Treffen rückwärts aufmarschiert stand. Der dritte französische Heerteil war eben im Begriffe, sich dem erhaltenen Befehle gemäß gegen die Mitte zu ziehen. Die französischen Plänkler räumten das Feld und die Österreicher, trotz des mörderischen Feuers schon zum Eingange der genannten Dörfer vorgedrungen, rüsteten sich zum Sturm. Der Angriff hielt die Franzosen nun fest. Der General Puthod hielt sich mit seiner Division in Großhofen, der General Friant mit der seinen in Glinzendorf und der Marschall Davout ließ die Division Gudin den Österreichern die Flanken bedrohen. Der Kaiser Napoleon eilte in Person herbei, ihm folgte die schwere Reiterei unter den Generalen Nansouty und Arrighi und ein Teil der Garde. Während er nun eine furchtbare Reihe Geschütz auffahren und feuern ließ, sandte er zugleich starke Truppenzüge von allen

Waffen gegen Loibersdorf,*) wo sie über den Rußbach gingen und sich auf Ober= siebenbrunn richteten. Diese Bewegung in seine und des ganzen Heeres Flanke nötigte den Fürsten von Rosenberg, seine Reiterei, welche den Angriff seines Fuß= volks unterstützen sollte, links zurückzu= halten, um jene Umgehung zu beobachten. Der Angriff des österreichischen Fußvolkes wurde fortgeführt, doch im Augenblicke, da der Sturm geschehen sollte, traf der Befehl des Erzherzog Generalissimus ein, auf dem linken Flügel innezuhalten, weil die Heerteile des rechten Flügels ihrerseits noch außer dem Gefecht waren und das des linken Flügels allein, so lange der Feind über seine meisten Kräfte frei ver= fügen konnte, leicht nachteilig werden konnte, besonders da von dem Anrücken des Erzherzogs Johann noch nichts zu vernehmen war. Dieses durch keinen ört= lichen Nachteil hier bewirkte, aber im Zu= sammenhange des Ganzen nötig erachtete Innehalten war das erste schlimme Zeichen, welches über den Ausgang dieses Tages bedenklich machen konnte. Der Feind ersah darin seinen ersten Vorteil, den zu ergreifen und in seinem ganzen Umfange zu ent= wickeln er mit rascher Kraft sogleich bereit war. Auf den Höhen von Stammers= dorf blinkten die Bajonette der öster= reichischen Heerteile, welche gegen den fran= zösischen linken Flügel heranzogen. Allein ihr Gefecht hatte noch nicht begonnen und der Kaiser Napoleon glaubte, daß ihm nun Zeit bleiben würde, den linken Flügel der Österreicher zu schlagen, bevor sein rechter in Gefahr käme und er sah sich stark genug, den letzteren, ehe er über= wältigt würde, noch immer aus seiner Mittelstellung zu rechter Zeit zu unter= stützen. Er ließ durch Marschall Davout die Kürassiere v. Arrighi, befahl ihm den Angriff gegen Markgraf=Neusiedl nach= drücklich fortzusetzen und kehrte nach Raas= dorf zurück. Die übrigen nach dem rechten Flügel in Bewegung gesetzten Gardetruppen erhielten Befehl, gleichfalls in ihre Stellung bei Raasdorf zurückzumarschieren. Indeß behielt der Marschall Davout nun Truppen genug, um starke Abteilungen immerfort rechts auszudehnen und in die

linke Flanke der Österreicher mehr und mehr vorzudringen. Besonders wurde das französische Geschütz immer zahlreicher und zertrümmerte durch sein furchtbares Feuer einige der Batterien gegenüber. Der öster= reichische linke Flügel mußte fortan auf bloße Verteidigung beschränkt bleiben.

Die Grenadiere, von Sehring*) über Gerasdorf gegen Süßenbrunn vorrückend, erschienen nunmehr mit Bataillonsmassen in zwei Treffen auf dem Kampfplatze, die Reiterei stellte sich zur Unterstützung des ersten und dritten Heerteils in beiden Flanken und Rücken auf. Endlich eröffnete auch der sechste Heerteil zwischen Breitenlee und Hirschstetten seinen Angriff auf den linken Flügel der Franzosen. Ihr zahl= reiches Fußvolk stand bei Aspern, die Auen zwischen Aspern und Stadelau waren mit Plänklern angefüllt. Hier aber war das österreichische Geschütz überlegen und erschütterte den Feind durch wirksames Feuer, dem bald ein allgemeines Anstürmen folgte. Der General Freiherr August v. Vecsey drang in die Auen ein und reinigte sie von den feindlichen Plänklern, der Major Michailovich, an der Spitze des St. Ge= orger Bataillons, rückte im Sturmschritt durch Aspern in die linke Flanke des Feindes, während in dessen rechte der General Graf von Wallmoden mit dem Hußaren=Regi= ment Liechtenstein einbrach, ihm viele Leute tötete und neun Kanonen eroberte, worauf die Franzosen teils bei Aspern vorbei in die Mühlau, teils über Eßlingen nach Stadt=Enzersdorf zurückwichen und auf der Flucht eine Haubitze und viele Gefangene verloren. Der Graf von Klenau besetzte hierauf Aspern und Eßlingen, wie auch die Verschanzungen innerhalb dieses Bereiches wieder. In Bataillonsmassen zwischen Aspern und Breitenlee aufgestellt, harrten die Truppen sodann der weitern Vor= gänge, welche zu ihrer Linken aus dem Kampfe der Mitte sich ergeben mußten. Es war bereits 10 Uhr vormittags und in= zwischen die Schlacht auf den andern Punkten ununterbrochen fortgeführt worden. Der dritte Heerteil, der bei Gerasdorf in zwei Treffen aufmarschiert, war mittler= weile über Süßenbrunn vorgerückt und

---

*) Der Grundtext hat die Lesart Säuring und Atterkla für Sehring bez. Aderklaa.

stützte sich rechts auf Breitenlee, welches Dorf drei Bataillons besetzten. Mit großer Kühnheit rückte der Feldzeugmeister Graf v. Kolowrat, indem er seinen linken Flügel versagte und sich auf den des Feindes warf, gegen die feindliche Hauptstellung bei Raasdorf im Sturmschritte an, drang bis zum „Neuen Wirtshause" vor und war eine Zeit lang im Vorteil, konnte diesen aber nicht behaupten, sondern mußte seinen rechten Flügel wieder auf Breitenlee zurückziehen.

Der Kaiser Napoleon hatte im Galopp die ganze Ausdehnung seiner Linie beritten, sich den Truppen gezeigt, sie angefeuert ihren begeisterten Zuruf empfangen. Gegenüber von Aderklaa*) traf er den Marschall Massèna, der eben mit drei Divisionen ankam, er selbst im Wagen fahrend, weil er gestürzt war und kein Pferd besteigen konnte. Napoleon umarmte ihn, befahl ihm, Aderklaa ungesäumt anzugreifen und sprengte nach Raasdorf zurück um zu sehen, was bei den Heerteilen des Vizekönigs Eugen und des Generals Oudinot vorginge. Er gab unausgesetzt Befehle und ordnete die Bewegungen an, welche den Kampf entscheiden sollten. Noch immer ließ er Truppen gegen M.-Neusiedl ziehen und die dortige Umgehung der österreichischen linken Flanke eifrig fortsetzen; er hielt sich für stark genug, beide Angriffe, den gegen den linken Flügel und den gegen die Mitte, gleichzeitig auszuführen. Der nächste und dringendste Zweck war allerdings, durch die Wegnahme von Aderklaa seine Mitte sicherzustellen, welche der ungestüme und nachhaltige Andrang der Österreicher zu gefährden anfing.

In der Ebene von Raasdorf, gegen Aderklaa und Breitenlee, ließ der Marschall Massèna nunmehr eine starke Linie französischer Reiterei aufmarschieren und unmittelbar darauf führt er selbst, weil ihm der General Carra Saint-Cyr mit seiner Division nicht rasch genug vordringt, zwei gedrängte Scharen Fußvolk rechts und links gegen Aderklaa stürmend an; nicht das heftige Gewehrfeuer der österreichischen Grenadiere, noch der mörderische Kar-

tätschenhagel des Geschützes hemmt diese unerschrockenen Truppen. Bei jedem Schritt werden ihre Reihen gelichtet, aber sie stürmen unaufhaltsam vorwärts. Schon war Aderklaa von ihnen erobert und die österreichischen Bataillone wichen bestürzt dem ungestümen Anfall, der plötzlich über sie kam und den Feind schon in ihre Linie eingedrungen zeigte. Die Gefahr war groß und der Sieg auf diesem Punkte konnte den des ganzen Tages nach sich ziehen. Die Franzosen glaubten ihn schon gewiß, warfen sich in die Zwischenräume der Massen, die sie abzuschneiden und aufzulösen dachten. Allein jetzt wurde die Unordnung, in welche das Vordringen sie selber brachte, auch ihnen verderblich. Der Erzherzog Generalissimus, der General Graf von Bellegarde, die anderen Generale und Stabsoffiziere, von denen der Oberst Freiherr v. Zechmeister verwundet wurde, stellten durch Beispiel, Zuruf und Anordnung die erschütterten Truppen wieder her, überzeugten sie von der Kraft ihres gedrängten Zusammenhaltens und führten die ermutigten Massen nun mit gefälltem Bajonett auf den Feind zurück. Dieser vermochte seine auseinander gekommenen Scharen nicht so schnell wieder zu vereinigen, wurde geworfen, überflügelt und in ungeordneten Haufen, bevor er Aderklaa erreichte, großenteils niedergemacht. Zwei französische Regimenter, das 24. und das 4., wurden hier fast aufgerieben, mehr als 1000 Mann fielen, 500 wurden gefangen und vier Fahnen erobert. Ein Bataillon von Kolowrat, von dem Major Haberein geführt, und drei Grenadierbataillone, Scoveaur, Putheany und Brzezinsky, stürmten hierauf Aderklaa und bemächtigten sich nach hartem Kampf auch dieses Dorfes wieder. Der General Karl v. Stutterheim wurde hierbei durch eine Kanonenkugel verwundet, worauf der Erzherzog Generalissimus die fernere Verteidigung dieses Ortes seinem Bruder, dem Erzherzog Ludwig, übertrug. Noch mehrmals stürmte der Feind mit frischen Truppen an, um das Dorf wieder zu nehmen, wurde aber jedesmal von den Grenadierbrigaden Merville und Hammer tapfer zurückgeschlagen, verlor viele Tote, mehrere Gefangene und noch zwei Fahnen. Auf österreichischer Seite war gleichfalls der Verlust nicht gering.

*) Der Grundtext hat die Lesart Säuring und Aderklaa für Seyring bez. Aderklaa.

Noch zuletzt wurde der General Merville, nachdem er den wiederholt eingedrungenen Feind zweimal aus dem Dorfe hinausgetrieben, durch eine Flintenkugel verwundet. Die französische Reiterei war während dieses Gefechtes aufmarschiert stehen geblieben und eine Division der österreichischen unter dem Fürsten Moritz v. Liechtenstein hielt sie durch ein drohendes Heranrücken auf ihre Flanke in Untätigkeit. Zwei Reiterregimenter, Kronprinz und Rosenberg, hatten das vorwärts Ader-

in dieser Richtung die österreichische Linie zu sprengen. Nicht wissend, daß seine Truppen sich des Dorfes wirklich schon bemächtigt hatten, soll er mehrmals ausgerufen haben: „Wäre ich doch nur einige Minuten im Besitze von Aderklaa gewesen!"

Durch die Tapferkeit der Österreicher war allerdings eine große Gefahr glücklich abgewehrt. Indessen hatte der Stoß des Feindes gegen Aderklaa das Vorrücken der österreichischen Linie aufgehalten, die

Marschall Bessieres.

klaa aufgepflanzte Geschütz gerettet, welches bei dem ersten Andringen des Feindes einen Augenblick verloren schien. Der Kaiser Napoleon sah die verwirrte Flucht seiner Truppen und eilte herbei. Seinen und des Marschalls Massèna vereinten Anstrengungen gelang es, die Ordnung einigermaßen herzustellen; es war Zeit, denn schon wieder wurde neue Kraftentwicklung nötig, um anderem Andrange zu begegnen.

Die siegreiche Behauptung von Aderklaa vereitelte die Hoffnung Napoleons,

verschiedenen Heerteile schlossen noch nicht im engeren Bogen zusammen und die Truppen waren nicht zahlreich genug, um den ausgedehnten Raum zu füllen. Die noch übrigen beiden Grenadierbrigaden Murray und Steyrer rückten zwar ebenfalls in die Linie von Aderklaa und Breitenlee vor, allein ihre Bataillonsmassen konnten nur das erste Treffen bilden, hinter welchem als zweites sich die Reiterei aufstellen mußte. Der Fürst Johann von Liechtenstein, scharfblickend und wohlentschlossen, wollte deshalb weiter vordringen und gemeinschaftlich mit dem dritten und sechsten Heerteil die Haupt= stellung des Feindes in der Flanke und im Rücken angreifen. Durch den früher bereits erwähnten Abzug des Marschalls Masséna von der Donau gegen Raasdorf und Aderklaa war dem rechten Flügel des österreichischen Heeres freier Spielraum gegeben. Sein drohendes Vorrücken ge= fährdete schon die Verbindung Napoleons mit der Lobau, der dritte und sechste Heerteil brauchten vereinigt nur links ein= zuschwenken, um in dem Rücken des fran= zösischen Heeres zu stehen und dasselbe zwischen zwei Feuer zu bringen.

Dieser Bedrängnis weiß der Kaiser nicht nur ungesäumte Hilfe, sondern er benutzt sie, um einen großen Schlag zu tun. Er zieht aus seiner Mitte beträchtliche Streitkräfte heran und ordnete sie zum Angriff. Der Marschall Masséna läßt seine Divisionen links gegen Neu=Wirts= haus abmarschieren, dem österreichischen dritten Heerteil entgegen; an seine Stelle rückt mit drei anderen Divisionen der General Macdonald, der Vizekönig Eugen und die Garden folgen zur Unter= stützung. Furchtbares Geschützfeuer eröffnet die Bahn. Der Marschall Bessières führt sechs schwere Reiterregimenter der Garde zum Angriff. Napoleon ermuntert jedes durch kräftigen Zuruf und ermahnt sie, ihre Waffe nicht zum Hauen, sondern zum Stechen zu gebrauchen. Sie stürzen gegen den Punkt hin, wo die österreichischen Grenadiere und der dritte Heerteil noch nicht vollkommen zusammenschließen. Der Fürst Johann von Liechtenstein läßt seinen rechten Flügel wieder gegen Süßen= brunn zurückweichen, wodurch dem Feinde ein Spielraum eröffnet wird, welchen das Feuer der Grenadiere und das des dritten Heerteiles gleicherweise bestreicht. Hinter und neben der französischen Reiterei hat sich auch Fußvolk zum Sturm gestellt, die gedrängten Scharen achten des kreuzenden Feuers nicht, dringen mutig vor und greifen die Bataillonsmassen Georgi und Frisch mit dem Bajonett an. Diese halten stand= haft aus und strecken den mehrmals heran= dringenden Feind auf hundert Schritte mit einem mörderischen Gewehrfeuer nieder, während die Grenadierbataillone Porter und Leiningen, ebenso die feindliche

Reiterei durch mutiges Entgegengehen ab= weisen und zurückwerfen. Eine feindliche Schar gelangt bis an die Bajonette des Bataillons Georgi und verliert daselbst seinen Anführer, der vom Pferde gerissen und gefangen wird, und in der öster= reichischen Masse noch zwei Angriffe seiner Reiter und ein unaufhörliches Kanonen= feuer aushalten muß. Der Oberstleutnant Graf v. Leiningen nimmt persönlich vor der Front seines Bataillons einen französischen Stabsoffizier gefangen.

Allein der Kaiser Napoleon hatte be= reits einen neuen Rückhalt herangezogen. „Das Geschütz der Garde soll vor= rücken!" rief er, und 60 Kanonen, befehligt von den Obersten Drouot und Daboville, werden von jenseits Raasdorf herbeigeholt, 40 andere schließen sich an, sie fahren im schrecklichsten Feuer der Österreicher auf halbe Schußweite auf, und aus diesen hundert Stücken, deren Reihe fast eine Viertelmeile einnimmt, sprüht ein Regen von Kugeln, Haubitzgranaten und Kar= tätschen, wie niemand einen ähnlichen er= lebt zu haben meint. Die Massen der Öster= reicher werden gelichtet, ihr Geschütz zusam= mengeschossen. Mehrere Bataillone stürmen wiederholt in dieses mörderische Feuer, suchen die französischen Kanonen wegzu= nehmen, aber Kartätschenhagel streckt sie nieder, wirft sie zurück; doch leiden auch die Franzosen großen Verlust, sie büßen einen Teil ihrer Kanoniere, ihrer Bespannung ein.

Der Kaiser Napoleon hatte den Mar= schall Masséna linkshin zurückgewendet, hielt jedoch dessen weitere Bewegung noch fest. Er selbst verweilte zwischen Raasdorf und Aderklaa im stärksten Kanonenfeuer unbeweglich, mit scharfem Auge alles be= achtend und anordnend.

Durch den mehrmaligen Wechsel der Truppen war die Schlachtordnung seiner Mitte mehrmals gestört worden, er stellte sie durch Aufreihung neuer Trup= pen her.

Inzwischen kamen Meldungen von Masséna, der rechte Flügel der Öster= reicher gewinne noch immer Boden, die Division Boudet sei auf die Lobau zurück= geworfen und habe ihr Geschütz verloren, die Österreicher seien der Brücke nah, ihr Geschütz feuere schon im Rücken des französischen Heeres. Napoleon hatte bisher alles ruhig vernommen und nichts erwidert, sondern nur den Blick mehrmals forschend auf die Gegend von Markgraf-Neusiedl gerichtet. Als er wahrnahm, daß der Marschall Davout die Höhe dort genommen und sein Geschütz die Flanke der Österreicher überflügelt habe, rief er: „Jetzt ist es Zeit!" und sandte dem Marschall Massèna den Befehl zum Angriff des österreichischen rechten Flügels, er selbst ordnete die Divisionen Lamarque und Broussier, denen andere folgten und wendet diese Scharen unter der Anführung des Generals Macdonald neben Aderklaa vorüber gegen Süßenbrunn, auf den österreichischen dritten Hauptteil, dessen linken Flügel der erste Stoß trifft. Der Erzherzog Generalissimus ist auch hier gegenwärtig, führt die Bataillone zum Kampf, verwandelt die Verteidigung wieder zum Angriff. Der tapfere General Bukassovich empfängt im Vorrücken eine tötliche Wunde, allein seine Truppen lassen sich nicht erschüttern.

Die Generale Graf v. St. Julien und Lilienberg dringen in die linke Flanke des Feindes, dessen geschwächte Scharen kaum noch widerstehen. Napoleon läßt sein Fußvolk durch die Kürassiere des Generals Nansouty und durch die Reiterei der Garde unter dem General Walther unterstützen, allein sie werden durch Kartätschen zurückgeschmettert. Darauf rücken die französische Division Serras und die bayrische Division Wrede vor, gefolgt von der jungen Garde unter dem General Reille. Zu beiden Seiten von Macdonald, um diesem Luft zu machen, wenden sich die Divisionen Pacthod und Durutte, jene auf Wagram, diese auf Breitenlee. Das Gefecht, hartnäckig und mörderisch auf beiden Seiten, kommt eine Weile zum Stehen, doch haben die Österreicher einen beträchtlichen Raum eingebüßt.

Es war unter diesen Ereignissen Mittag geworden und die Schlacht dauerte auf der ganzen Linie mit Heftigkeit fort. Wo die Truppen noch nicht in der Nähe fochten, wie der ganze zweite österreichische Heerteil, der zur Verteidigung des Rußbachs bei Baumersdorf aufgestellt war, oder wo sie teilweise innehielten, wie der sechste öster-

reichische Heerteil bei Aspern, der das Vorrücken der anderen abwartete, da standen sie doch unausgesetzt im Bereiche des heftigsten Kanonenfeuers, das von der Donau bis jenseits Markgraf-Neusiedl ununterbrochen wütete, ja mit jedem Augenblick schien die Zahl und die Gewalt der Geschütze sich zu vermehren.

Der linke Flügel aber des österreichischen Heeres war mittlerweile nicht weniger hart bedrängt worden. Gegen 10 Uhr hatten die französischen Truppen, welche bei Loibersdorf*) über den Rußbach gegangen waren, bei Ober-Siebenbrunn die Beobachtungsreiterei des Generals v. Frehlich vertrieben und standen dem vierten Heerteil völlig in der linken Flanke, gegen welche sie zum Angriff vorrückten. Während nun der Fürst von Rosenberg gegen diese Umgehung zwei seiner Regimenter eine Flankenstellung nehmen und die übrigen in Bataillonsmassen zusammenrücken ließ, zogen drei andere feindliche Treffen von Ober-Siebenbrunn und Glinzendorf heran, vor ihrer Front eine lange Reihe von Geschütz, welches feuernd näher kam. Der Erzherzog Generalissimus war persönlich hieher geeilt und leitete das Gefecht. Mehrere Stürme des Feindes auf Markgraf-Neusiedl waren tapfer abgewehrt worden.

Endlich aber, nachdem auch der Erzherzog durch die gemeldete Gefahr seines rechten Flügels wieder abgerufen worden, hatten die ermüdeten Truppen der Übermacht weichen müssen und das Dorf den Franzosen überlassen. Der tapfere General Freiherr Peter v. Becsey wurde hier tötlich verwundet. Sehnlichst hoffte man, der Erzherzog Johann werde endlich im Rücken des Feindes erscheinen und dem allzu nachteiligen Kampfe eine andere Wendung geben. Schon war zu fürchten, diese Truppen würden zu spät eintreffen, allein so lange ihr Eintreffen noch möglich schien, mußte die Stellung mit angestrengter Kraft behauptet werden. Der Feind indeß zog immer zahlreichere Truppen rechts hin und suchte die Umgehung des linken Flügels mehr und mehr auszudehnen. Da hiedurch dem zweiten Heerteile bei Baumersdorf nur wenige Truppen

---

) Siehe Seite 37).

gegenüber blieben, der Fürst von Hohenzollern also für seine Front nicht besorgt
sein durfte, wohl aber den vierten Heerteil
hart bedrängt sah, so sandte er diesem aus
eigenem Antriebe fünf Bataillone und vier
Schwadronen Verstärkung. Das Gefecht
wurde durch deren allmähliges Eintreffen

kein Rückhalt stand zu schneller Aushilfe
bereit, während die bei Raasdorf aufge-
stellte feindliche Truppenmasse unerschöpflich
nach jeder Richtung immerfort Verstärkungen
aussandte. Der General Oudinot rückte
nun auch wieder gegen Baumersdorf vor
und der zweite Heerteil der Österreicher

GM. Peter Freiherr v. Vecsey.

auf der äußersten linken Flanke, die sie
verlängern halfen, wohl zeitig erfrischt,
jedoch in seinem Gange nicht verändert.
Das Mißverhältnis der Kräfte war schon
zu groß. Der Marschall Davout hatte ein
Drittel der ganzen französischen Heeres-
stärke hier beisammen. Die österreichischen
Truppen waren alle schon im Kampfe,

sah sich neuerdings angegriffen. Der hitzigste
Kampf aber wurde fortwährend bei Markgraf-Neusiedl unterhalten. In sechs ge-
schlossenen Massen, zahlreiches Geschütz vor
und neben sich führend, von Plänkler-
schwärmen umgeben, drangen die feindlichen Divisionen Gudin und Puthod
wiederholt zum Sturm heran, während die

Jofef Graf Radetzky.

Divisionen Morand und Friant ihre Linie rechtshin immerfort ausdehnten. Die österreichische Reiterei unter dem FML. Grafen v. Nostitz, dem General Grafen v. Wartensleben, dem Obersten Sardagna und Prinzen von Koburg, den eine Kugel verwundete, warf sich wiederholt den Angreifenden entgegen, sie schlug die Reiterei der Generale Grouchy und Montbrun mehrmals zurück, allein sie war zu schwach, um in das Fußvolk einzudringen und mußte zurückweichen. Das Fußvolk unter der Brigade Mayer, an deren Spitze der FML. v. Nordmann sich gestellt hatte, hielt gegen die beiden ersten Treffen des Feindes guten Stand. Als aber dieser tapfere Anführer getötet, der General v. Mayer verwundet und das dritte feindliche Treffen herangekommen war, konnte die hiedurch erschütterte Truppe nicht länger widerstehen und der Feind gewann mehr und mehr Raum. Jetzt griff die Division Morand den Turm von Markgraf-Neusiedl an und setzte sich in demselben fest. Bei diesem Angriffe — nach einigen Nachrichten früher, oder gar schon am Tage vorher — wurde der Anführer des 17. Linienregiments, Oberst Oudet, tötlich getroffen, von dessen Zauber der Persönlichkeit uns Nodier so wunderbare Dinge meldet. Noch hielten sich die österreichischen Bataillonsmassen auf dem rechten Flügel des Heerteils am Rande der Höhen. Unter Anführung des FML. Fürsten von Hohenlohe-Bartenstein und des heldenmütigen Prinzen Philipp v. Hessen-Homburg, der hier durch eine Kartätschenkugel verwundet wurde, schlugen sie mehrere Angriffe standhaft zurück. Der Fürst v. Rosenberg wollte sogar dem Feinde den Turm wieder entreißen, mußte jedoch den Versuch aufgeben, da ein freuzendes Kartätschenfeuer seine Leute niederschmetterte und das Übergewicht des Feindes nicht mehr zweifelhaft erschien. Auf die Ankunft des Erzherzogs Johann war jetzt nicht mehr zu harren noch zu rechnen, der letzte günstige Augenblick, wo das unerwartete Erscheinen frischer Truppen im Rücken des Feindes entscheidend einwirken konnte, war vorüber. Der rechte Flügel der Österreicher hatte bisher gesiegt, die Mitte sich standhaft behauptet, allein der linke Flügel war umgangen

und geschlagen und sein Los mußte den Rückzug des ganzen Heeres entscheiden.

Gegen 1 Uhr nachmittags kam vom Erzherzog Generalissimus dem vierten Heerteil der Befehl, sich zurückzuziehen. Nochmals warf die österreichische Reiterei hier die französische von Arrighi zurück und erleichterte den Abmarsch des Fußvolkes, allein der Feind drang nichtsdestoweniger unaufhaltsam vor, entwickelte zuletzt 8 Divisionen und folgte langsam den österreichischen Truppen, die sich in Bataillonsmassen geschlossen fortbewegten, in der Richtung auf Bockfließ.

Hätten die waldigen Anhöhen der Hohenleiten durch Verschanzungen einen festen Anhalt dargeboten, so würde hier der linke Flügel des österreichischen Heeres sich haben stützen und den Feind geraume Zeit hemmen, ja mit Verlust zurückschlagen können. Am Vormittage hatte man wirklich angefangen, einige Schanzen aufzuwerfen, allein ehe die Arbeit noch vorgerückt war, wurde sie als verspätet und zwecklos wieder aufgegeben. Der vierte Heerteil blieb die Nacht auf den Anhöhen stehen und hielt Bockfließ besetzt. Die Regimenter Hiller und Sztarry hatten die Nachhut gebildet und die Verfolger stets in gehörige Ferne zurückgewiesen. Bei Bockfließ hielt eine schwache Bataillonsmasse des Regiments Kerpen gegen die feindliche Reiterei stand, bis vier österreichische Schwadronen von Erzherzog Ferdinand-Hußaren herbeieilten und den Feind durch unerwarteten Angriff verjagten. Einige Bataillons und Hußarendivisionen unter dem FML. Grafen von Radetzky, von welchem bei diesem Anlaß in dem amtlichen Berichte gesagt wird, daß er die rühmlichsten Beweise seines Eifers und seiner militärischen Talente abgelegt habe, besetzten die Übergänge des Weidenbaches bei Schweinwart und Hohenruppertsdorf*). Hierauf mußte der zweite Heerteil, der nun in der linken Flanke ganz entblößt und bald heftig angegriffen war, besonders aber durch das seitwärts einschmetternde Geschützfeuer litt, ebenfalls seinen Rückzug nehmen. Auch in der Front drang der Feind jetzt ungestümer an und sein verheerendes Kreuzfeuer

*) Heute Schweinbart und Hohenruppersdorf geschrieben. (D. H.)

traf die österreichischen Massen. Der General Graf Ignaz v. Hardegg verteidigte Baumersdorf gegen alle Angriffe und erst, als er Befehl dazu erhalten, überließ er den Ort dem Feinde. Hinter Wagram mußte das Fußvolk über den Rußbach, der hier aufwärts sich gegen Westen wendet, zurückgehen und seine geschlossene Ordnung einen Augenblick unterbrechen. Diesen wollte die feindliche Reiterei benutzen und sprengte heran, wurde jedoch durch das unerwartete Feuer einiger Bataillone, welche den Graben des Rußbachs besetzt hielten und durch das Chevaurleger-Regiment Vincent zurückgewiesen. Alles Geschütz wurde glücklich fortgebracht und der ganze Heerteil zog ohne Verlust in fester Ordnung über Seyring gegen Enzersfeld. Die eine Brigade des ersten Heerteiles, welche auf der Höhe bei Wagram stand, folgte dieser Bewegung.

FML. Konstantin Freiherr von Aspre.
Gefallen in der Schlacht am 6. Juli 1809.

die übrigen Truppen dieses Heerteiles behaupteten sich noch in ihrer Stellung bei Aderklaa, wo besonders die auf dem linken Flügel aufgepflanzte Batterie des Oberleutnants Löffler dem Feinde großen Abbruch tat, bald aber in der Front und in der Flanke zugleich durch überlegenes Geschütz beschossen wurde. Erst nach 2 Uhr empfing dieser Heerteil Befehl zum Rückzuge, der geordnet und langsam angetreten wurde. Als der zahlreiche Feind ungestümer nachdrängte, warf der

Nun kam in dem allgemeinen Rückzuge die Reihe an die Grenadiere und die Reiterei, welche derselben Richtung über Gerasdorf folgten. Der Feind beschoß die Abziehenden lebhaft und eine Kanonenkugel verwundete tötlich den FML. d'Aspre, als er die von ihm befehligten Grenadiere durch das brennende Dorf Aderklaa führte. Der dritte Heerteil zog über Süßenbrunn auf die Höhen von Stammersdorf in so guter Verfassung, daß der Feind anfangs nichts gegen ihn zu unternehmen wagte. Als aber

Graf von Lasalle.
Gefallen bei Wagram am 6. Juli 1809.

Oberst Graf von Bentheim mit dem Regimente Vogelsang sich im Sturmschritt entgegen, wobei er verwundet wurde, und hemmte durch diesen mutigen Angriff einige Zeit die Verfolgungslust. Der Marsch wurde sodann über Gerasdorf in bester Haltung fortgesetzt. Doch mußte man in den Dörfern Aderklaa, Süßenbrunn, Gerasdorf, Baumersdorf usw. eine große Anzahl Verwundeter zurücklassen, von denen wenige gerettet wurden, als diese Dörfer, zum Teil schon Tags vorher in Brand geraten und wieder gelöscht, abermals in Flammen aufgingen.

die Dämmerung eintrat, stürmten unerwartet die französischen Garden heran, nahmen eine Batterie und suchten ihren Vorteil zu verfolgen, während zugleich die Reiterei in das Fußvolk des ersten Heerteiles einzubrechen strebte. Dieser aber, schnell in Massen geordnet, schlug die dreimalige Angriffe zurück. Die österreichische Reiterei sprengte nun herbei, das Kürassierregiment Liechtenstein fiel in die Flanke des Feindes, die Uhlanen von Schwarzenberg und die Chevaurlegers von Klenau machten wiederholte Angriffe, der Rittmeister v. Gallois des erstern Regiments hieb die verlorene Batterie wieder aus den Händen des Feindes, der Rittmeister v. Tettenborn mit seiner Schwadron Chevauxlegers warf die feindlichen Küraffiere zurück und wurde von dem Erzherzog Generalissimus noch auf dem Schlachtfelde zum Major befördert, worauf er ferner seine Schwadron und ein unter seinen Befehl gestelltes Jägerbataillon zunächst am Feinde hielt. Der sechste Heerteil hatte bereits um 1 Uhr Eßlingen, eine Stunde später Aspern geräumt und darauf seinen Rückzug langsam, unter stetem Gefecht gegen Stammersdorf fortgesetzt. Auch hier wurde der ungestüm nachdringende Feind durch die tapfere Haltung der Bataillonsmassen des Fußvolks und durch die kühnen Anfälle der Hußaren von Kienmayer mit Verlust zurückgeschlagen.

Der weitere Rückzug geschah in geordneter und schlagfertiger Haltung. Dem Feinde blieb das Schlachtfeld, allein der Sieg, den er gewann, war keine Niederlage der Österreicher und alle Anstrengung der französischen Befehlshaber und ihrer selbststeifrigen Truppen brachte die unwillig Weichenden nicht zu Verwirrung und Flucht. Der Kaiser Napoleon bewunderte die strenge Ordnung der vor seinen Augen langsam sich entfernenden Heerteile und versagte dem Erzherzog Generalissimus das Lob nicht, welches ein so hartnäckiger Widerstand und eine so feste Führung auch in dem Feind erweckten.

Auf beiden Seiten hatte der Kampf ungeheuere Anstrengungen und Opfer gefordert. Der Feind hatte alle seine Kräfte vereint und noch während der Schlacht alle Truppen von jenseits der Donau an sich gezogen, so daß er im ganzen gegen 200.000 Streiter zählte, von denen wenigstens 160.000 gefochten hatten. Die Franzosen verloren über 14.000 Mann an Toten und Verwundeten, 7000 an Gefangenen, 42 Adler und Fahnen und 11 Kanonen. Von ihren Anführern blieben Lasalle und Duprat; Bessières, Wrede und 14 andere wurden verwundet. Die Österreicher entbehrten der Mitwirkung des Erzherzogs Johann, dessen Vortruppen erst nachmittags um 4 Uhr

bei Ober = Siebenbrunn anlangten und einige Gefangene im Rücken des Feindes machten. Allein da die Schlacht bereits verloren war, auch die Franzosen jetzt Streitkräfte genug verfügbar hatten, um der ihnen unerwarteten Erscheinung zu begegnen, so rückte der Erzherzog nicht näher heran, sondern ging gegen Abend unverfolgt über die March zurück. Er war auf keinen Feind gestoßen, der die Bestimmung gehabt hätte, ihn abzuhalten oder auch nur zu beobachten. Unbemerkt und unvermutet kam er heran und das französische Heer war von dieser Seite dem verderblichsten Überfall ausgesetzt. Vergebens bemüht sich der französische General Pelet, in seinem übrigens trefflichen Werke, uns glauben zu machen, der Kaiser Napoleon habe gleich bei Beginn der Schlacht auch diesen Zug in seine Berechnungen aufgenommen, bei seinen Anordnungen berücksichtigt und das Nötige vorgekehrt. Die Tatsachen zeigen das Gegenteil.

Dem Erzherzog Johann ist sein spätes Eintreffen zum Vorwurf gemacht worden und er hat sich dagegen mit Nachdruck verteidigt. Die Tapferkeit, der Geistesmut und die Feldherrngaben dieses Prinzen sind anerkannt und niemand wird in Betreff dieser Eigenschaften ihn beschuldigen. Im allgemeinen muß gesagt werden, daß die Bewegung größerer Truppenmassen im österreichischen Heere nicht immer so leicht und rasch auszuführen war, als in manchen Fällen gewünscht wurde, und selbst der Erzherzog Generalissimus hatte während seines obersten Kriegsbefehls, unter welchem das österreichische Heer sich zur größten Tüchtigkeit ausbildete, ihm diesen Vorzug des Feindes nur zum Teil aneignen können.

Auf österreichischer Seite fochten bei Wagram höchstens 100.000 Mann. Von diesen waren über 20.000 getötet oder verwundet, gegen 8000 gefangen. Es blieben 4 Generale, unter welchen das französische Bulletin den General v. Nordmann, einen Verräter schmähte, weil er französischer Abkunft war und im Heere Dumouriez das Los dieses Feldherrn geteilt hatte; der Erzherzog Generalissimus selbst und 10 Generale wurden verwundet. Nur eine Fahne blieb in den Händen des Feindes; an Geschützen gingen 9 Stücke verloren, deren Bespannung getötet war. „Es gehört unter die sonder baren Ereignisse dieses Krieges", sagt der österreichische Bericht, „daß in dieser Schlacht der Sieger mehr Trophäen verlor, als der Besiegte".

Wie wenig der Mut und die Kraft des österreichischen Feldherrn und seines Heeres gebeugt waren, zeigten schon die nächsten Tage. Der Erzherzog hatte seinen Rückzug, mit Ausnahme des vierten Heerteiles, der aber auch gleich wieder herangezogen wurde, nicht gegen Brünn, sondern wider alles Erwarten, aber kühn und absichtsvoll, gegen Znaim genommen, wo er das Heer hinter der Thaya aufstellte und am 10. und 11. Juli dem Sieger abermals eine Schlacht lieferte, deren langer zweifelhafter Vorteil sich endlich ebenfalls auf die Seite der Franzosen neigte. Jedoch hemmte der Abschluß eines Waffenstillstandes die weiteren Feindseligkeiten. Bald darauf, nachdem auch der Erzherzog durch persönliche Verhältnisse bewogen, seinen bisherigen Oberbefehl niedergelegt hatte, folgte der Friedensschluß von Wien. Der Friede war durch große Nachteile bezeichnet. Allein der Krieg des Jahres 1809 und besonders die Schlachten von Aspern, Wagram und Znaim, ließen in Österreich das Gefühl des Mutes und einer Stärke zurück, deren Bewußtsein nicht untergehen konnte. Auch den Franzosen blieb dieser Krieg ein Gegenstand ernsten Eindrucks und wenn ihre Kriegserfahrenen die Schlacht von Wagram erwähnten, dämpfte Ehrerbietung die Ruhmredigkeit. Unter den Deutschen aber, wem noch die Sache des Vaterlandes, der Ruhm deutscher Tapferkeit und Kriegsehre am Herzen lag, der blickte mit Stolz und Vertrauen auf den Erzherzog Karl und das österreichische Heer des Jahres 1809.

Anhang.

Zur Jahrhundertfeier der Schlacht bei Deutsch-Wagram am 5. und 6. Juli 1909.

Von

Rudolf Blaschek.

Einhundert Jahre sind es nun, daß die Kriegsfackel über ganz Europa ihren blutigroten Schein warf, daß die gewaltige napoleonische Faust Staaten durcheinander wirbelte und Nationen knechtete, daß auch der Boden unserer Heimat unter den Hufen französischer Rosse erzitterte. Es war eine Zeit des Kriegslärmes, eine Epoche des Ruhmes und auch der Schmach, für uns Deutsche die Zeit tiefster Erniedrigung. Maßloser Ehrgeiz und schrankenlose Herrschsucht waren die Triebfedern Napoleons, ganz Europa zu seinen Füßen zu sehen und die angestammten Herrscher der verschiedenen Völker als Vasallen niederzuzwingen, sein Endziel. Zum großen Teile ist es ihm gelungen. Deutschlands Fürsten überboten sich in Servilismus dem Korsen gegenüber und scheuten sich nicht, ihre Truppen dem „Protektor" als Kanonenfutter zu überliefern, wodurch es möglich geworden ist, daß deutsche Landeskinder ihre eigenen deutschen Stammesbrüder bekämpften, nur zu einem Zwecke, damit Napoleons Ruhm im höchsten Glorienschimmer erstrahle.

Halb Europa schmachtete bereits unter dem französischen Joche. Die Dreikaiserschlacht bei Austerlitz (2. Dezember 1805) war geschlagen, die verbündeten Österreicher und Russen gänzlich besiegt. Im Frieden von Preßburg mußte Österreich Tirol, Vorarlberg und Venetien abtreten und der Herrschaft Napoleons überlassen. Es lag auf der Hand, daß Österreich diese Friedensbedingungen auf die Dauer werde nicht ertragen können, um so mehr, als auch Erzherzog Karl eifrigst bemüht war, das österreichische Heer zu einem neuen Kriege vorzubereiten und kriegstüchtig zu machen. Und der Krieg brach aus. Ungeheuere Begeisterung ergriff die Völker Österreichs, als Kaiser Franz I. im Jahre 1809 Napoleon den Fehdehandschuh hinwarf und hoffnungsvoll richteten die patriotischen Kreise Deutschlands ihre Blicke nach Wien. Es schien wirklich, als ob der Glücksstern des korsischen Eroberers im Sinken begriffen sei, denn in der zweitägigen blutigen Schlacht bei Aspern, am 21. und 22. Mai, wurden die angreifenden Franzosen nach ungemein heftigem Ringen auf ihr stark befestigtes Lager, die Donauinsel Lobau zurückgeworfen. Der erste große Sieg über Napoleon war errungen! Welcher Jubel in allen deutschen Gauen! Eine Entscheidung des Krieges war jedoch mit diesem Siege nicht gefallen, weshalb beide Gegner eifrigst bestrebt waren, für eine zweite Schlacht Verstärkungen an sich zu ziehen. In durchgreifender Art gelang dies nur Napoleon, welcher mit der unter dem Vizekönig Eugen stehenden italienischen Armee 180.000 Mann zustande brachte. Bei Deutsch-Wagram fiel die Entscheidung. Napoleon, wohl wissend, daß eine zweite Niederlage für ihn verhängnisvoll werden könnte, warf sich mit der ganzen Wucht seiner Übermacht dem Feinde entgegen. Die Österreicher leisteten tapfersten Widerstand; todesmutig hielten sie dem wütendsten Ansturme der Franzosen und ihrer Hilfstruppen stand, von dem Gedanken angefeuert: Wir kämpfen für die Befreiung unseres Vaterlandes vom fremden Joche, wir streiten für die Rechte unseres Kaisers! Wir opfern Blut und Leben für die gerechte Sache!

Die Chronisten der damaligen Zeit berichten uns Wunder der Tapferkeit und Aufopferung seitens der Österreicher. Der Erfolg blieb nicht aus, denn als der erste

Johann Mayer

Ritter des Eisernen Kronenordens III. Kl., Reichsrats= und Landtagsabgeordneter,
Mitglied des n.-ö. Landes=Ausschusses, Ehrenbürger der Gemeinde Deutsch=Wagram ꝛc.
Ehrenpräsident.

Schlachttag, der 5. Juli, sich seinem Ende neigte, sah er die Niederlage der Franzosen, deren linker Flügel bis auf die Donau zurückgedrängt worden war. Leider entschied der 6. Juli die Schlacht zu Ungunsten der Österreicher, die bei Markgraf-Neusiedl ihren linken Flügel, trotz heldenmütigster Gegenwehr der voll entfalteten mehrfachen Übermacht weichen mußten. Allein noch im Zurückweichen wiesen sie dem Korsen die Zähne und in vollster Ordnung vollzog sich der Rückzug der österreichischen

großen Kämpfe bei Leipzig, welche Napoleons erstes Exil vorbereiteten. Diesen Tag in würdigster Weise zu feiern und dem dankbaren Gedenken jener tapferen gefallenen Krieger ein sichtbares Zeichen zu setzen, vereinigten sich mehrere patriotisch gesinnte Männer in dem Bestreben, in Deutsch-Wagram ein Kriegerdenkmal zu errichten.

* * *

Es war am 17. Jänner 1904, als in einer Sitzung der Gemeindevertretung

Anton Pfalz
Vorsitzender des Kriegerdenkmal-Ausschusses

Krieger. Als letzter verließ FML. Radetzky, als Kommandant der Nachhut, immer kämpfend und den anstürmenden Feind in Schranken haltend, das Schlachtfeld.

Zum fünfzigjährigen Gedenktage der Schlacht ließ in dem Ortsfriedhofe zu Deutsch-Wagram der ehemalige k. k. Hauptmann Hugo Baron Tkalcsevich im Jahre 1859 eine Monumentalkapelle erbauen, in welcher alljährlich am 6. Juli eine feierliche Trauermesse zelebriert wird.

Heuer jährt sich zum hundertsten Male der Tag der denkwürdigen Schlacht bei Deutsch-Wagram, der Vorläuferin jener

Deutsch-Wagram der Gemeinderat und k. k. Postmeister Herr Anton Pfalz den Antrag stellte, „zum Zwecke der Schaffung bleibender Erinnerung an die berühmten Schlachttage des 5. und 6. Juli 1809 von Seite der Gemeindevertretung einen Kriegerdenkmal-Ausschuß einzusetzen", welcher Antrag einstimmig zum Beschlusse erhoben wurde. Wenige Tage später, am 24. Jänner, fand die konstituierende Versammlung dieses Ausschusses statt, in welcher die Satzungen festgelegt und das Präsidium gewählt wurde. Hierbei wurde der Antragsteller, Herr Anton Pfalz, zum

Vorsitzenden, Bürgermeister Herr Michael Wieland*) zum ersten und Herr Leopold Reichel, Revident der k. k. Nordbahn, zum zweiten Vorsitzenden-Stellvertreter gewählt. Die Aufgabe, die sich der Ausschuß stellte, war die, in Deutsch-Wagram ein würdiges Denkmal den in dieser Schlacht gefallenen Kriegern zu setzen, ohne Rücksicht auf deren Rangunterschied, deren Nationalität oder Staatszugehörigkeit. Die erforderlichen Geldmittel sollten zu allererst durch Spenden opferwilliger

des Finanzkomitees, an dessen Spitze Herr Johann Topek als Zahlmeister steht und dem noch angehören die Herren: Ferdinand Hager, Ferdinand Leeb, Johann Wittmann und Pfarrer Wilhelm Sponer**). Außer diesen gehörten noch Gemeindearzt Dr. Norbert Kienzl und Fabriksbesitzer Franz Zmerzlikar dem Ausschuße an.

Um einen reichlichen Spendenzufluß zu erzielen, verfaßte Herr Anton Pfalz einen Aufruf, der bereits die 5. Auflage erlebte

Michael Wieland
Erster Vorsitzender-Stellvertreter des Kriegerdenkmal-Ausschusses.

Patrioten aufgebracht werden, wozu natürlich eine weitgehende Verbreitung unserer Bestrebungen notwendig wurde. Diese Arbeit sollte das Korrespondenzkomitee besorgen, welchem außer dem Vorsitzenden noch folgende Herren angehörten: Franz Krischke, Lehrer, Josef Schrenk, Bahnmeister und Anton Weiß**), Flußaufseher.

Die eingelaufenen Spenden zu übernehmen und das Vermögen des Kriegerdenkmalfondes zu verwalten, ist Aufgabe

und in vielen tausend Exemplaren in alle Länder der Monarchie verschickt wurde. Der Aufruf erschien auch in französischer Sprache, um die Patrioten Frankreichs zur Unterstützung heranzurufen. Leider blieb diese Aktion ohne allen Erfolg.

Die Vorarbeiten zur Versendung der Aufrufe und Gesuche schritten unter der Leitung des Vorsitzenden rüstig vorwärts. Die Anforderungen an das Korrespondenzkomitee wuchsen von Woche zu Woche, so daß es alsbald notwendig wurde, den Schreiber dieser Zeilen, Lehrer Rudolf Blaschek, als Mitglied in dieses Komitee

*) Am 11. Jänner 1909 gestorben.
**) Seit 1907 infolge Übersiedlung ausgetreten.

zu berufen. Neben den Aufrufen wurde die breite Öffentlichkeit auch durch die in den Wiener Tagesblättern („Deutsches Volksblatt", „Österr. Volks-Zeitung", „Fremdenblatt", „Neuigkeits-Weltblatt", „Vaterland", „Danzers Armee-Zeitung", „Österreichs Illustrierte Zeitung", „Niederösterr. Zeitung für Stadt und Land" u. a.) von Zeit zu Zeit erschienenen entsprechenden Notizen auf die Bestrebungen des Kriegerdenkmal-Ausschusses aufmerksam gemacht und bald liefen nicht nur zahlreiche Spenden um Unterstützungen hatten die Bewilligung einer Anzahl Geldbeträge in verschieden Höhe zur Folge. Jedoch der Vorsitzend Anton Pfalz ruhte nicht und diesma kam der Historiker in ihm zur vollen Geltung. Er sammelte die längst vergessen gewesenen „Krieger- und Wehrmanns-lieder aus dem Jahre 1809", bearbeitete die Geschichte der „Schlacht bei Dürnkrut" (zwischen König Rudolf von Habsburg und dem Böhmenkönige Ottokar im Jahre 1278) und die Geschichte der

Leopold Reichel
Zweiter Vorsitzender-Stellvertreter des Kriegerdenkmal-Ausschusses.

ein, sondern auch Angebote von Bildhauern und Steinmetzen zur Ausführung des Denkmales.

Ein Vorschlag, nach dem Muster ähnlicher Unternehmungen eine Denkmal-Lotterie zu veranstalten, fand wohl den Beifall des Ausschusses, allein die bei verschiedenen Wiener Bankhäusern eingeholten Erkundigungen ergaben eine sehr wahrscheinliche Aussichtslosigkeit dieser Lotterie, weshalb dieses Projekt auch fallen gelassen wurde. Dafür war aber ein anderes Unternehmen erfolgreich gekrönt. Die an verschiedene staatliche und militärische Behörden, Institute, Banken usw. gerichteten Ansuchen

Invasion Wiens durch die Franzosen, unter dem Titel: „Die Franzosen in Wien im Jahre 1805" und ließ sie als Flugschriften des Kriegerdenkmal-Ausschusses erscheinen. Von den genannten Büchelchen wurden in erster Auflage je 1000 Stück gedruckt und fanden so reißenden Absatz, daß sie nach kaum drei Monaten vergriffen waren und eine zweite Auflage veranstaltet werden mußte und zwar in der Höhe von je 2000 Stück. Die Versendung dieser Broschüren erfolgte im weitgehendsten Maße und zwar an Seine Majestät den Kaiser, die durchlauchtigsten Herren Erzherzoge, die Militärbehörden, hohe Militärs und Beamte, Mitglieder des Hochadels, an die Truppenkörper des k. u. k. Heeres und der k. k. Landwehr ꝛc. Da der niederösterreichische Landesschulrat mit Erlaß vom 25. März 1905 Zahl 1688/II, die Anschaffung den ihm unterstehenden Schulen empfohlen hatte, wurden die Büchlein in sämtlichen deutschen Mittelschulen, Bürger- und Volksschulen zugeschickt. Seine Majestät der Kaiser geruhte die vorgelegten Exemplare huldvollst anzunehmen und ihre Einreihung in die Hofbibliothek anzuordnen.

Auch die Mehrzahl der Erzherzoge, Fürstlichkeiten, Regimenter ꝛc. reihte die

staltung seiner Vermögensverhältnisse noch abzuwarten beschloß und diese Angelegenheit ja auch noch keine Dringlichkeit aufwies.

Als das Flugschriftengeschäft beendet war, mußte man sich nach neuen Geldquellen umsehen. Mehrere Vorschläge wurden gemacht, doch nur der Antrag des Vorsitzenden Pfalz, es mit dem Vertriebe von Ansichtskarten mit historischen Motiven zu versuchen, wurde angenommen.

Das Jahr 1906 war ein arbeitsreiches. Die Höhe der bis Ende 1904 gesammelten Geldmittel ließ bereits erkennen, auf welchen beiläufigen Betrag der Kriegerdenkmal-Ausschuß zur Herstellung des

Josef Schrenk.

Franz Krischke.

Flugschriften in ihren Bibliotheken ein und übermittelten reiche Spenden.

Zu dem Erfolge des Flugschriftengeschäftes konnten wir uns gratulieren, um so mehr, als Herr Anton Pfalz später noch zwei neue Hefte verfaßte und deren Reinertrag ebenfalls dem Kriegerdenkmalfonde überließ. Diese beiden Hefte erschienen unter dem Titel „Aus der Franzosenzeit" in einer Auflage von je 2000 Stück. Sämtliche Flugschriften, welche heute fast gänzlich vergriffen sind, erschienen in einer Gesamtanzahl von 13.000 Exemplaren.

Bereits im Jahre 1905 langten mehrere Denkmalsentwürfe ein. Eine Auswahl und Entscheidung wurde aber noch nicht getroffen, da der Ausschuß die fernere Ge-

Denkmales, die zu schaffende Gartenanlage mitinbegriffen, rechnen könne. Somit wurde mit der schrittweisen Verwirklichung unserer Pläne begonnen.

Das Hauptinteresse nicht nur der Ausschußmitglieder sondern auch der gesamten Einwohnerschaft lag in der Frage: Wie wird das Denkmal aussehen? Eine bestimmte Antwort war dermalen aber auf diese Frage noch nicht zu geben. Wir besaßen wohl schon eine Anzahl von Denkmalentwürfen, doch mußte vorher ein Sichtung, Überprüfung und Auswahl vorgenommen werden. Eines Umstandes mag Erwähnung getan werden. Die Denkmalsentwürfe sind ohne jede Ausschreibung oder Aufforderung, kurz, ohne

Zutun des Kriegerdenkmal-Ausschusses eingesendet worden und so verfügte derselbe ohne erst einen Preis dafür ausgegeben zu haben, über eine Anzahl ganz hübscher Projekte. Der zuletzt eingesandte Entwurf stammte vom akademischen Bildhauer Franz Seifert, dem Schöpfer des Strauß-Lanner-Denkmales in Wien. Dieser Entwurf fand sogleich ungeteilten Beifall und Anerkennung.

Der zweite Punkt des brennendsten Interesses der Einwohnerschaft betraf den Aufstellungsort für das Denkmal. Alle möglichen und auch viele unmögliche Plätze wurden in Vorschlag gebracht; fast jedermann wußte einen anderen hübschen Platz.

sollten, weil deren Einbeziehung in die neu herzustellende Parkanlage des Denkmales geplant war, erworben werden. Diesem Projekte stellten sich aber unüberwindliche Schwierigkeiten entgegen, was den Kriegerdenkmal-Ausschuß bestimmte, sich mit der Abtretung kleinerer Teile dieser Gärten zufrieden zu geben.

Durch das überaus freundliche Entgegenkommen der Eigentümer dieser Gärten der Herren Johann Wallner, Martin Böckl und Mathias Mayers Erben (Frau Marie Bayerl, Frau Anna Hager, Frau Johanna Patzian und Herrn Franz Mayer) ist der Kriegerdenkmal-Ausschuß in der angenehmen Lage, diesen genannten

Johann Topek.

Ferdinand Leeb.

Der Kriegerdenkmal-Ausschuß jedoch entschied sich für jene historische Stelle im Orte Deutsch-Wagram, die vor 100 Jahren das ungestüme Eindringen der unter der Führung des französischen Marschalls Bernadotte stehenden feindlichen Sachsen, ihr gegenseitiges Bekämpfen und endliches Hinausdrängen durch die österreichischen Bataillone Reuß-Plauen und Mitrowski, gesehen hatte. Es war dies der seit langen Jahren durch Ansammlung von Grund- und Regenwasser entstandene Ortsteich „Wallnerschwemme" genannt, deren vollkommene Verschüttung und Kanalisierung die Gemeindevertretung auf ihre Kosten durchzuführen versprach. Die in unmittelbarer Nachbarschaft befindlichen Hausgärten

Grundeigentümern an dieser Stelle für die unentgeltliche Abtretung der Gartenplätze gebührenden Dank zu sagen.

Bezüglich der Sammlung weiterer Geldmittel beschloß der Kriegerdenkmal-Ausschuß, über Antrag seines Vorsitzenden, einen „Historischen Kalender für das Jahr 1907" herauszugeben. Herr Anton Pfalz stellte den ganzen erforderlichen Stoff aus seiner reichhaltigen, interessanten Sammlung bei und unterzog sich der mühevollen Arbeit der Herausgabe und Schriftleitung dieses Kalenders, welcher in einer Auflage von 5000 Exemplaren erschien und in der renommierten k. u. k. Hofbuchdruckerei Carl Fromme in Wien hergestellt wurde.

Im April dieses Jahres schied das Ausschußmitglied Herr Pfarrer Sponer infolge seiner Übersiedlung nach Guntramsdorf, aus der Mitte des Ausschusses.

Die Veranstaltung eines großen Sommerfestes, das geplant war, scheiterte an verschiedenen ungünstigen Verhältnissen.

Das Jahr 1907. Die Spenden und Einnahmen aus dem Vertriebe des Kalenders steigerten unsere Geldmittel derart, daß im ersten Vierteljahre der Denkmalfond über ein Barvermögen von 12.000 Kronen gebot. Dieser Betrag sollte für die Herstellung des Denkmales selbst verwendet werden, wogegen die noch zu erwartenden Einnahmen zur Herstellung einer Garten-

plötzlich und allzufrüh dahinraffte, große Fortschritte und es darf nicht unerwähnt bleiben, daß die hiesige Gemeindevertretung sich um das Zustandekommen des Denkmales große Verdienste erwarb, indem sie für die Herrichtung des Platzes mehrere tausend Kronen verausgabte. Ende November 1907 wurde der hergerichtete Platz dem Kriegerdenkmal-Ausschusse offiziell übergeben.

Da der Vertrieb des Kalenders sich rentierte und andere Einnahmsquellen nicht recht zu erhoffen waren — die versuchte Geldsammlung durch Kassenblocks hatte, wie ja im voraus anzunehmen war, trotz eifrigster Agitation, keinen Erfolg — wurde

Johann Wittmann.

Ferdinand Hager.

anlage dienen sollten. Weil aber dadurch der Kostenpreis des Seifertschen Entwurfes nicht erreicht wurde, erklärte sich Herr Seifert bereit, einen neuen Entwurf herzustellen. Nach mehreren Besprechungen, Besichtigungen und Änderungen des neuen Entwurfes konnte mit Herrn Seifert ein Einvernehmen in der Weise erzielt werden, daß er sich verpflichtete, das Denkmal um den Betrag von 12.000 Kronen herzustellen und zwar den figuralen Teil aus Metallguß, die Architektur aus Granit.

Die Ausführung und Planierung des alten Ortsteiches machte unter der Leitung unseres verdienstvollen Bürgermeisters Michael Wieland, den uns ein jähes Schicksal

die Ausgabe des Kalenders auch für das Jahr 1908 beschlossen, jedoch der Titel in „Historisches Jahrbuch" abgeändert.

Auch dieses Jahr brachte dem Ausschusse den Verlust eines Mitgliedes. Der allzeit arbeitsfreudige Herr Anton Weiß, ein alter Kanonier von 1866, schied infolge Übersiedlung nach Wolkersdorf aus unserer Mitte.

Das Jahr 1908, das arbeitsreichste des Denkmal-Ausschusses, wies der Tätigkeit unserer Mitglieder eine neue Richtung, da es galt, den Denkmalplatz in würdiger Art zur Aufstellung des Erinnerungszeichens herzurichten. Die nach Angabe des Bildhauers Seifert angefertigten Pläne der Gartenanlage fanden nach einigen Änderungen den Beifall des Ausschusses und kamen zur Ausführung. Sie bestanden im wesentlichen darin, daß mangels eines passenden natürlichen Hintergrundes ein künstlicher in Form einer entsprechenden Baumgruppe zu schaffen und der vorhandene Platz durch Anlage von Gesträuchpartien und Rasenflächen möglichst vorteilhaft auszunützen sei. Selbstverständlich konnte eine solche Anlage nicht verschiedenen Zufälligkeiten ausgesetzt werden und mußte durch ein Gitter den nötigen Schutz und die erforderliche Abgrenzung erhalten. In zufriedenstellendster Weise stellte die Firma Hutter & Schrantz in Wien ein gefälliges Drahtgitter auf; den Betonsockel

cher sind alle angewachsen, allein der Hintergrund war — kein Hintergrund, denn die Hochstämme trockneten ein und mußten im Herbste durch andere ersetzt werden.

Die sonstigen Arbeiten des Denkmalkomitees wurden über die Gartenarbeit nicht vergessen. So wurde das „Historische Jahrbuch 1909" von Herrn Anton Pfalz vorbereitet und eine reich illustrierte Ausgabe des Aufrufes herausgegeben (8000 Exemplare). In der Sitzung vom 10. Februar 1908 wurde der Reichsrats- und Landtagsabgeordnete, niederösterreichischer Landesausschuß, Herr Johann Mayer, ein gebürtiger Deutsch-Wagramer, einstimmig zum Ehrenpräsidenten des

Dr. Norbert Kienzl.

Franz Zmerzlikar.

hierzu, wie auch das Denkmalfundament wurde vom hiesigen Baumeister Franz Dworschak aufgeführt.

Nach der Beendigung dieser Arbeiten kam die Bepflanzung des Platzes an die Reihe, welche der Ausschuß dem Schreiber dieser Zeilen übertrug*). Die von der Baumschule Klenert in Graz bezogenen Bäume und Sträucher lagen schon einige Zeit bereit und konnten endlich dem Boden, der sich leider nicht durch besondere Güte auszeichnet, anvertraut werden. Die Sträu-

*) Herr Rudolf Blaschek hat die ihm übertragenen Gartenarbeiten in mustergiltiger Weise durchgeführt und ist es mir ein Herzensbedürfnis, ihm an dieser Stelle den gebührenden Dank zu sagen. Pfalz, Vorsitzender.

Kriegerdenkmal-Ausschusses erwählt und die Herren Leopold Metzker, Lehrer, sowie Albrecht Mock, k. k. Postoberoffizial, und Bildhauer Franz Seifert als Ausschußmitglieder aufgenommen.

Die Zeit rückte heran, der Jahrestag der Schlacht, an dem alljährlich eine Feldmesse in der im Friedhofe errichteten Gedächtniskapelle stattfindet, war nicht mehr ferne und es mußte an die Grundsteinlegung gedacht werden. In befriedigender Weise wurde mit den berufenen Faktoren ein Einvernehmen erzielt und für diese Feier folgendes Programm festgelegt:

1. Empfang der Gäste.

2. Feldmesse in der Gedächtniskapelle am Friedhofe. Aufführung der „Deutschen

Rudolf Blaichek.

Leopold Metzker.

Messe" durch den hiesigen Männergesang-
verein „Sängerbund".

3. Zug zum Festplatze und Aufstellung
daselbst.

4. Grundsteinlegung.

5. Ansprachen.

Die Deforierung des Festplatzes oblag
einem Komitee, bestehend aus den Herren
Rudolf Blaschek, Franz Krischke, Leopold Metzker und Josef Schrenk. Als
Tag der Feier wurde der 6. Juli bestimmt und die in Betracht kommenden
Behörden eingeladen. Schon am Sonntag
den 5. Juli nachmittags wurde mit der
Dekoration des Festplatzes begonnen und

Montag früh beendet. Von hohen Masten
flatterten Flaggen in den kaiserlichen und
Landes- und Ortsfarben im Winde und
umspannten Guirlanden den Grundstein,
dessen Hintergrund eine mit dem Doppel-
aar geschmückte Standarte bildete, vor
welcher eine lebensgroße Kaiserbüste aufgestellt war.

Die Grundsteinlegung verlief programm-
mäßig.

Als Festgäste hatten sich eingefunden:
Im Auftrage des k. u. k. Reichs-Kriegs-
ministeriums Herr Generalmajor Franz
Rieger, als Vertreter des k. k. Ministeriums für Landesverteidigung Herr Oberst

Bildhauer Franz Seifert.

Albrecht Mack.

Das Kriegerdenkmal in Deutsch-Wagram.
Von Franz Seifert.

Adolf Erbstein, als Vertreter des k. u. k. Infanterie-Regimentes Nr. 42 (1809 Erbach genannt) die Herren Hauptmann Friedrich Ontl und Leutnant Wilhelm Nawonsky, als Vertreter der k. k. Bezirks-

Franz Wieland (Parbasdorf), Herr k. k. Obergeometer Gottlieb Thalhammer und viele andere.

Um 9 Uhr begann die weihevolle Totenmesse. Pöllerschüsse erklangen und ver-

hauptmannschaft Floridsdorf-Umgebung Herr Bezirkskommissär Baron Koloman Liebenberg, unser Ehrenpräsident Herr Johann Mayer, Herr Bürgermeister Franz Niedermayer (Aderklaa) und Herr

halten hoch oben in den Lüften. Die erste Feierlichkeit der Zeremonie wurde durch den stimmungsvollen Vortrag der „Deutschen Messe" durch den Gesangverein „Sängerbund" unter der Leitung seines Ehrenchormeisters Herrn Ottokar Weyrich noch erhöht.

Nach der Beendigung der Feldmesse setzte sich der Zug unter klingendem Spiele der Feuerwehrkapelle, die unter der tüch-

Prolog.

Auf den Flügeln der Gedanken eilt mein Geist
in alte Tage,
Seine freud-trunk'nen Blicke fallen auf das
Marchfeld hin.

Der Vorsitzende des Kriegerdenkmal-Ausschusses verliest die Widmungsurkunde gelegentlich der Grundsteinlegung am 6. Juli 1908.

tigen Leitung des Lehrers Herrn Leopold Bauer steht, nach dem Festplatze in Bewegung, wo zunächst Herr Pfarrer Ferdinand Pečka ein für die Feier des Tages selbstverfaßten Prolog zum Vortrage brachte.

Lieblich scheint die Sommersonne auf der Ähren
gold'ne Wogen
Und die Lerche grüßt mit Liedern hell den Fleiß
der Schnitterin.
Auf den saatenfrohen Flächen, in dem Grün der
Auen, Triften,

Spärlich nur vom Zweig beschattet, still das
    Glück der Dörfer lacht.
Auch um dich, mein trautes Wagram, spinnt der
    Friede seine Fäden
Und du ruhst da weltvergessen, treu vom grauen
    Turm bewacht.
Horch! Jetzt flammt ein greller Blitz auf, düst're
    Wolkenberge wachsen,
Und vom Horizonte drohend braust ein Sturm
    ins Land hinein.
Wie ein giftgeschwollner Dämon, den die Hölle
    losgelassen,
Bringt er Schrecken und Verderben, säet Qual
    und Not und Pein.
Ungeheuer dröhnt sein Toben, immer lauter
    brüllt sein Donner.
Unter seiner Rosse Hufen knickt entwurzelt Baum
    und Halm.
Meilenweit erbebt der Boden, allerorten klagt der
    Jammer,
Von der Dächer Feuerbrande dampft empor
    ein Riesenqualm.
Dieses wilde Sturmesrasen ist der Übermut des
    Korsen,
Der mit Leichen Hekatomben seinen Weg zum
    Thron geschmückt
Dieser Dämon ohne Mitleid ist der mächt'ge
    Schlachtenlenker,
Der nun gegen Österreich auch seinen blanken
    Degen zückt.
Doch er kennt nicht Österreichs Adler, kennt nicht
    seines Schnabels Schärfe,
Seine sehnenstarken Fänge, kennt nicht seine
    Muskelkraft.
Einmal schon bei Asperns Mauern, hat er heiß
    mit ihm gerungen,
Doch sein Arm, der kampfgestählte, sank ver-
    wundet und erschlafft.
Nochmals wagt er ihn zu fangen, an des Nuß-
    bachs Ufergründen,
Er zerzauste sein Gefieder, seine Knechtung
    glückte nicht.
Hier bei Wagram lernte schätzen der Thrann
    den Österreicher,
Seine kühle Todverachtung, die für Fürst und
    Freiheit ficht!
Ganz Europa sah mit Staunen auf das gräß-
    liche Gemetzel,
Wo sich Österreichs Heldenjugend frische Lorbeer-
    kränze wand.
Unerschrocken, wie der Löwen, kämpft der Mann
    und kämpft der Feldherr,
Voll Begeisterung und Liebe zum bedrohten
    Vaterland.
Hei! Wie hier die Schwerter klirren, wo sonst
    Schnittersänge klangen,
Feldgeschrei und Todesröcheln wimmert bang
    durch Pulverdampf,
Wo sonst reiche Garben lagen, zucken tausende
    von Braven,
Deren Lippe „Heil dem Kaiser!" stammelt
    noch im Todeskampf.
Zwar besiegt, nicht überwunden, selbst vom
    Feinde hochbewundert,
Kehren heim die blut'gen Fahnen ehrenvoll und
    kampfbereit,

Und es glänzt in ew'gen Zeiten des Erzherzogs
    Karl Namen,
Eingegraben in den Marmor kühner Schlachten-
    herrlichkeit.

———

Hierauf verlas der Vorsitzende des
Kriegerdenkmal-Ausschusses, Herr Anton
Pfalz, nach einer vorausgegangenen kurzen
Begrüßung die Urkunde, welche folgenden
Wortlaut hat:

Urkunde

zur Grundsteinlegung des Kriegerdenkmales in Deutsch-Wagram.

Im sechzigsten Jahre der Regierung Seiner
kaiserlichen und königlichen Apostolischen
Majestät, unseres Allergnädigsten Kaisers und
Herrn

Franz Joseph I.

wurde am 6. Juli 1908 an dieser Stelle der
Grundstein zu dem Baue des Kriegerdenkmales
gelegt.

Die Gemeindevertretung von Deutsch-
Wagram hat am 17. Jänner 1904 über Antrag
des Gemeinderates Anton Pfalz den ein-
stimmigen Beschluß gefaßt, aus Anlaß des 100-
jährigen Gedenktages der Schlacht bei Deutsch-
Wagram am 5. und 6. Juli 1809 ein Kriegerdenkmal zu errichten.

Die Durchführung dieser Angelegenheit
wurde einem Ausschusse übertragen, der aus
folgenden Mitgliedern besteht:

Blaschek Rudolf, Lehrer; Hager Ferdinand,
Bäcker; Dr. Kienzl Norbert, Gemeindearzt;
Krischke Franz, Lehrer; Leeb Ferdinand, Wirt-
schaftsbesitzer; Metzler Leopold, Lehrer; Mock
Albrecht, k. k. Postoberoffizial; Pfalz Anton,
k. k. Postmeister; Reichel Leopold, Revident der
k. k. Nordbahn; Seifert Franz, akad. Bild-
hauer; Schrenk Josef, Hausbesitzer; Sponer
Wilhelm, Pfarrer; Topek Johann, Hausbesitzer;
Weiß Anton, Flußaufseher; Wieland Michael,
Bürgermeister; Wittmann Johann, Wirtschafts-
besitzer und Zmerzlikar Franz, Fabriksbesitzer.

Als Platz zur Aufstellung des Kriegerdenkmales widmet die Gemeinde den freien Raum
zwischen der Kronprinz Rudolfstraße und Rohrer-
gasse, jener historischen Stätte, wo am Abend
des 5. Juli 1809 die tapfere Zurückweisung der
unter der Führung des französischen Marschalls
Bernadotte stehenden Sachsen, seitens der
österreichischen Bataillone Reuß-Plauen und
Mittrowski, erfolgte. Die Kosten des Denkmales werden im Wege einer öffentlichen Sub-
skription aufgebracht.

Das Denkmal soll das Andenken an die
heldenmütigen Waffentaten der Österreicher den
kommenden Geschlechtern überliefern. Möge der
Allmächtige walten über dies Denkmal und
möge dasselbe für alle Zeiten ein Wahrzeichen
echt patriotischer Gesinnung und unvergänglicher
Liebe und Treue zu dem erlauchten Kaiserhause
sowie ein Ansporn zur Erhaltung dieser schönsten
Bürgertugenden sein.

Nach der Verlesung dieser Urkunde unterzeichnete als erster Herr General Franz Rieger und das nämliche taten auch die übrigen Festgäste.

alle anderen, wobei mancher kräftige und treffende Spruch zu hören war.

Nachdem diese sinnige Handlung vorüber war, nahm Herr General Rieger

General Franz Rieger hält die Festrede gelegentlich der Grundsteinlegung am 6. Juli 1908.

Sodann wurde die Urkunde in eine Glaskapsel verschlossen und dem in einer Vertiefung des Platzes ruhenden Grundstein einverleibt, worauf Herr General Rieger vortrat und die drei üblichen Hammerschläge ausführte. Ihm folgten

das Wort, um mit Kraft und Feuer in markigen Worten seiner Freude über diese patriotische Tat der Bürger Ausdruck zu geben. Mit einem begeisterten Hoch auf den obersten Kriegsherrn schloß er seine mit echt soldatischer Geradheit und

Schlichtheit vorgetragene und dabei um so mehr zum Herzen gehende Rede.

Hierauf überbrachte Herr Oberst Erbstein den Dank des Landesverteidigungsministeriums, worauf Herr Baron v. Liebenberg in längerer, von vielem Beifall unterbrochenen Rede, in der er die opfermutige Vaterlandsliebe der Österreicher pries, die Dankbarkeit der Nachkommen lobte und mit dem zuversichtlichen Wunsche schloß, daß es auch in aller Zukunft damit nicht anders werden möge.

Zum Schlusse legte noch Herr Oberlehrer Weyrich den Schulkindern die Bedeutung des Tages ausführlich dar und mit dem Absingen der Volkshymne schloß die erhebende Feier.

————

Bei dem hierauf stattfindenden Frühschoppen wurde über Antrag des Vorsitzenden, Herrn Anton Pfalz, unter lauter und ungeteilter Zustimmung die Absendung folgenden Huldigungs-Telegrammes beschlossen:

An Seine kais. und königl. Apostolische Majestät

Franz Joseph I.

in

Ischl.

Die bei der heutigen feierlichen Grundsteinlegung für das Kriegerdenkmal in Deutsch-Wagram anwesenden Teilnehmer wagen es ehrfurchtsvollst ihrer unwandelbaren Kaisertreue und Verehrung hiermit Ausdruck zu geben. Gott erhalte, Gott beschütze Euere kaiserliche und königliche Apostolische Majestät und das ganze kaiserliche Haus.

Die Festversammlung steht unter dem Eindrucke des glorreichen Jubelfestes, das die ganze Welt mit der innigsten Teilnahme feiert und gedenkt mit Rührung und Ergriffenheit all der Ereignisse der 60 Regierungsjahre Eurer Majestät. Mögen Euere Majestät in der heißen Liebe und wärmsten Dankbarkeit der Völker Öster-

reichs den idealen Lohn eines aufopferungsvollen Lebens finden.

Anton Pfalz
Vorsitzender des Kriegerdenkmal-Ausschusses in Deutsch-Wagram.

Am Morgen des 7. Juli traf folgendes Telegramm an den Vorsitzenden ein:

Herrn Anton Pfalz, Vorsitzender des Kriegerdenkmal-Ausschusses

in

Deutsch-Wagram.

Seine k. und k. Apostolische Majestät haben die Meldung über die stattgefundene Grundsteinlegung für das dem Andenken der 1809 gefallenen Helden gewidmeten Kriegerdenkmales in Deutsch-Wagram allergnädigst zur allerhöchsten Kenntnis genommen und danken huldvollst für die in so warmen Worten zum Ausdrucke gebrachten Gefühle unwandelbarer Treue und Anhänglichkeit.

Kabinettskanzlei Sr. k. u. k. Majestät.

Das Fest der Grundsteinlegung ist vorüber und übers Jahr begeht Deutsch-Wagram das größte Fest, das es jemals gefeiert, die Enthüllung des Kriegerdenkmales. Die Aufgabe, die sich der Kriegerdenkmal-Ausschuß gestellt, war keine leichte. Mannigfache Schwierigkeiten waren zu überwinden, viele Arbeit zu leisten. Allen voran gebührt der Dank dem unermüdlichen Obmann des Ausschusses, Herrn Anton Pfalz, dessen Initiative und rastlose Tätigkeit die Errichtung des Denkmales zu verdanken ist. In selbstloser Weise stellte er sich in den Dienst der guten Sache, unter seiner umsichtigen Leitung wurde sie zur allgemeinen Zufriedenheit zu Ende geführt.

Möge das Denkmal lange Jahre eine Zierde unseres Ortes sein, ein Erinnerungszeichen an die kriegerische Zeit zu Beginn des vorigen Jahrhunderts, die so viel Heldentum und Tapferkeit, so viel Vaterlandsliebe in Österreichs Völkern auslöste. Das walte Gott!

————

Spenden-Verzeichnis

für die Errichtung eines Kriegerdenkmals in Deutsch-Wagram zur Erinnerung an die Waffentaten der Österreicher am 5. und 6. Juli 1809.

Vom 1. Juni 1904 bis 1. Mai 1909.

	K
Ihre k. u. k. Hoheit Frau Erzherzogin Maria Theresia	30.—
Seine k. u. k. Hoheit Herr Erzherzog Franz Ferdinand	242.—
Ihre k. u. k. Hoheit Frau Erzherzogin Maria Josepha	30.—
Seine k. u. k. Hoheit Herr Erzherzog Karl Franz Josef	20.—
Seine k. u. k. Hoheit Herr Erzherzog Ferdinand Karl Ludwig	20.—
Ihre k. u. k. Hoheit Frau Erzherzogin Maria Annunziata	30.—
Seine k. u. k. Hoheit Herr Erzherzog Ludwig Viktor	10.—
Weiland Seine k. u. k. Hoheit Herr Erzherzog Ferdinand v. Toskana	45.—
Seine k. u. k. Hoheit Herr Erzherzog Josef Ferdinand	15.—
Seine k. u. k. Hoheit Herr Erzherzog Leopold Salvator	42.—
Seine k. u. k. Hoheit Herr Erzherzog Franz Salvator	30.—
Seine k. u. k. Hoheit Herr Erzherzog Friedrich	2150.—
Seine k. u. k. Hoheit Herr Erzherzog Eugen	200.—
Seine k. u. k. Hoheit Herr Erzherzog Rainer	1040.—
Seine königl. Hoheit Prinz Philipp v. Sachsen-Coburg-Gotha	315.—
Seine königl. Hoheit Herzog von Cumberland-Braunschweig und Lüneburg	200.—
Weil. Seine k. u. k. Hoheit Herr Erzherzog Josef	50.—
Seine k. u. k. Hoheit Herr Erzherzog Josef	15.—
Herr Oberst Freih. v. Abele, Enns	6.—
Abtei Göttweig	2.—
Herr Oberst Josef Achberger, Königgrätz	5.—
„ M. Adlersflügel, Wien XII	4.—
„ Major Heinrich Agostini, Hohenmauth	4.—
„ Major Alois Agricola, Wien	2.—

	K
Aichamt Vöslau	2.—
Herr Oberstlt. Johann Argner, Pifulice	2.—
Se. Exzl. FML. von Albach, Graz	4.—
Herr Albach, Wien XIX	—.40
Se. Exzl. FZM. Baron Albori, Wien	5.—
Herr Karl Albrecht, Znaim	4.—
„ Major Dr. Eberhard v. Alemann, Wien	2.—
„ GM. R. Altmann, Krakau	2.—
„ Pfarrer J. Altschach, Ruprechtshofen	2.—
„ Albensleben, Wien XVIII	2.—
„ Major Freih. v. Ambrun, Wien	2.—
„ Johann Amrud, kais. Rat, Laibach	2.—
„ Sektionschef Freih. An der Lan, Innsbruck	2.—
„ Oberstlt. Felix Andrian, Semlin	2.—
„ G. Antowitsch, Andlersdorf	1.60
„ Franz Antensteiner, Wien VIII	2.40
„ GM. von Antonino, Wien	2.—
„ Oberst Antonius, Lemberg	3.—
„ GM. v. Arkotfalvy, Kaschau	1.60
Armenhaus-Verwaltung Wr. Neustadt	1.60
Herr Präs.-Rat Rudolf Arming, Triest	2.—
Se. Exzl. FML. von Arthold, Wien	1.60
Herr Direktor Arthold, Metz	2.—
K. u. k. Korps-Artillerie-Reg. Nr. 3, Krakau	12.—
K. u. k. Divisions-Artillerie-Reg. Nr. 14, Somorja	1.60
K. u. k. Divisions-Artillerie-Reg. Nr. 15, Komorn	5.—
K. u. k. Divisions-Artillerie-Reg. Nr. 24, Budweis	2.—
K. u. k. Divisions-Artillerie-Reg. Nr. 31, Stanislau	5.—
K. u. k. Divisions-Artillerie-Reg. Nr. 36, Hermannstadt	10.—
K. u. k. Korps-Artillerie-Reg Nr. 41, Salzburg	12.—
K. u. k. Divisions-Artillerie-Abtl., Mobuszowa	2.—
Artilleristen-Bund, I. österr. in Wien	2.—
Herr Rittm. Graf Arz, Wien	2.—
„ Dr. Ign. Graf Attems, Bad Fusch	4.20
„ Edmund Graf Attems, Graz	2.—
„ GM. W. Graf Attems, Lemberg	2.—

	K
Herr Max Graf Attems, Meran ...	2.—
„ Sigismund Graf Attems, Pod=gora ...	2.—
„ Oberst Wilhelm Graf Attems, Sebenico ...	2.—
„ Josef Aubrunner, Rothneusiedl	2.—
„ Hofrat Dr. Auchenthaller, Wien	12.—
Se. Exzl. FML. Ritter v. Auffenberg	5.—
Herr Major Augustin, Bilek ...	2.—
Frau Therese Augustin, Deutsch=Wagram ...	3.—
Durchlaucht Fürst F. J. Auersperg, Wien	2.—
Durchlaucht Fürst Karl Auersperg, Goldegg ...	2.—
Se. Exzl. FML. v. Babakdol, Jaroslau	13.—
Herr Major Babich, Budapest ...	2.-
„ M. Bach, Oberlehrer, Waidendorf	1.60
„ Bachauer, Kaufmann, Spital .	2.—
„ Pfarrer Bachinger, Gerasdorf .	6.—
„ P. Bachinger, Seitenstetten .	2.—
„ Adolf Bachofen, Wien XIX ...	10.—
„ Dr. Jos. P. Baechlé, Wien ...	16.—
„ Dr. Baecker, Josefstadt ...	2.—
„ Rittm. Bahner, Wien ...	1.60
„ Pfarrer Bakalar, Angern ...	4.—
„ GM. Georg Baláš, Budapest ...	1.60
Se. Exzl. FML. Edler v. Baldaß, Graz	5.—
Herr Major Baldessari, Kosoncz ...	4.—
„ Ballek, Oberlehrer, Eichenbrunn	1.60
„ Pfarrer Balzer, Haringsee ...	2.—
„ Oberstlt. Baudian, Graz ...	2.—
„ Oberstlt. Alexander Barbini, Brünn	2.—
Se. Exzl. FML. Viktor Barbon, Agram	4.—
Herr Oberstlt. Bariczet, Jungbunzlau	4.—
„ Oberstlt. Julius Bartakovic, Karlstadt	2.—
„ Oberst Barth, Görz ...	2.—
„ Oberstlt. Georg Bartl, Görz ...	2.—
Barmherzigen Brüder, Konvent der, Wien	2.—
Hochw. Herr Don Günther Barnabas, Wien	—.40
Herr Pfarrer Bauchinger, Pöchlarn	2.—
„ Fürsterzbischof Dr. Bauer, Olmütz	4.—
„ Oberstlt. Bauer v. Bauernthal Olmütz ...	2.—
„ Oberstlt. Johann Bauer, Brunn	2.—
„ Josef Bauer, Gastwirt, Deutsch=Wagram ...	10.—
„ Leopold Bauer, Lehrer, Deutsch=Wagram ...	2.—
„ Major A. Bauer, Lemberg ...	2.—
„ Kanzleidirektor Bauer, Wien XIX/6	5.—
„ G. E. Bauernfeld, Wien ...	2.—
„ Josef Bauernhansl, Eggenburg	1.60
„ Major Bauhofer, Jaroslau ...	2.—
„ Major Baukovac, Graz ...	2.—
„ Major Baumann, Wien ...	2.—
„ Oberstlt. Emil Baumgartner, Brixen	2.—
„ Pfarrer Georg Baumgartner, Weyer ...	3.—
„ Dr. Baumhackl, Brünn ...	2.—
„ Oberst Baumruck, Klosterneuburg	2.—
„ Wirtschafts-Rat Bautz, Serajevo	2.—

	K
Herr Dr. Franz Bayer, Reichenberg .	4.20
„ Josef Bayer, Atzersdorf ...	2.80
„ Oberst Karl Bayer, Josefstadt .	1.60
Se. Exzl. FZM. Graf Beck, Wien ..	19.—
Herr Pfarrer Beda Beitl, Klein=Engers=dorf ...	1.60
„ Adalbert Beliczay, Deutsch=Wagram ...	5.60
„ Graf A. Bellegarde, Groß=Herrlitz ...	4.—
Frau Gräfin Marie Bellegarde, Wien	2.—
Herr Oberst Carl v. Belmond, Esztergom ...	4.—
„ GM. Joh. v. Belnay, Krakau .	4.—
„ Oberst Bencevic, Serajevo ...	2.—
„ Major v. Benedik, Brünn ...	2.—
„ Major Franz Benedik, Rzeszow	2.—
„ Direktor Julius Benes, Baden .	2.—
„ Dr. August Benesch, Bodenbach	2.—
Se. Exzl. FML. von Benki, Wien ..	4.—
„ FML. Freih. v. Benkiser, Wien	5.—
Herr Anton Benischka, Dürnkrut ...	7.20
„ Major Beimjic, Stanislau ...	2.—
„ Major Graf Berchtold, Reichen=berg ...	2.—
„ Baron Wilhelm Berg, Wien I. .	2.—
„ Berger, Bürgermeister, Salzburg	2.—
„ Major Berger, Seewalchen ...	2.—
„ Berghofer, Gend.=Wachtm. Flo=ridsdorf ...	4.—
„ Hptm. R. v. Bergler, Trais=kirchen ...	2.—
„ Hptm. Freih. v. Berlepsch, Wien	3.60
„ Oberstlt. Berlin, Komorn ...	1.60
„ Dr. Bernatschek, k. k. Bez.=Hptm. Pöggstall ...	14.—
„ Oberstlt. Berndt, Brüx ...	2.—
„ Baurat von Bertele, Wien III.	2.—
„ Direktor Beyer, Wien I. ...	2.—
„ Major Beyweiß, Innsbruck ...	2.—
„ Hptm. Bezard, Wr.=Neustadt .	2.—
Bezirkslehrer-Bibliothek Amstetten .	2.80
„ „ „ Krems .	2.80
„ „ „ Korneuburg	2.—
„ „ „ Lilienfeld .	2.80
„ „ „ Nennkirchen	6.80
„ „ „ St. Pölten	6.80
K. k. Bezirks=Hauptmannschaft Hietzing Umgebung ...	2.—
K. k. Bezirks=Hauptmannschaft Oberhollabrunn ...	1.60
Königl. sächs. Bezirks=Kommando, Wurzen ...	11.75
Bibliothek des Feldkanonen=Reg. Nr. 8, Görz ...	2.—
Herr Direktor Bichler, Wien II. ...	2.—
„ Josef Bihlmeier, Rudolfswert .	4.—
„ Direktor Bjetil, Wien ...	1.60
„ Pfarrer Binder, Wien XIII. ...	1.60
„ Stadtpfarrer Binder, Wien I. .	2.—
„ Dechant Binder, Groß=Gerungs	4.—
„ Franz Binder, Gerasdorf ...	—.40
Frau T. Binowetz, Triest ...	1.60
Herr Major Birer, Arco ...	2.—
„ Oberstlt. Biret, Mostar ...	5.—
„ Major Biscan, Kaschau ...	4.—

	K
Herr Major Bischitzky, Nagyszeben	2.—
„ Franz Bischofberger, Deutsch-Wagram	2.80
„ Rittm. Bischoff, Stockerau	2.—
„ GM. Bitterl, Ritt. v. Tessenberg Peterwardein	13.—
„ Direktor Wilhelm Bittner, Wien XVIII	2.—
„ Bittner, Rothneusiedl	1.60
„ Josef Bittner, Eger	2.—
„ Rat Bittner, Baden	3.60
„ Major Blalia, Olmütz	2.—
„ Andreas Blaschczik, Wien	2.—
„ GM. Blaschka, Wien	2.—
„ Oberstabsarzt Dr. Blaschowski, Lemberg	4.—
„ Ober-Intendant Karl Blažeg, Wien I.	2.—
„ Oberstlt. Blechinger, Wien	2.—
„ Blokscha, Oberhausen	1.60
„ Intendant Blondian, Wien	1.60
„ Karl Boček, Deutsch-Wagram	5.—
„ GM. v. Bockerheim, Graz	2.—
„ GM. Bockenheim, Graz	2.—
Frau Elisabeth Böckl, Deutsch-Wagram	9.—
Herr Martin Böckl, Deutsch-Wagram	24.—
Se. Exzl. FML. v. Böhm, Krakau	4.—
Herr Oberstlt. Karl v. Böhm, Turnau	2.—
„ Johann Böhm, Deutsch-Wagram	4.—
„ Oberlehrer Böhm, Wien XIII	—.40
„ Forstrat Böhmerle, Mariabrunn	4.—
„ Anton Böllmann, Revident, Deutsch-Wagram	7.—
„ Oberst Bölz, Reichenberg	2.—
„ Major v. Bohn, Esztergom	2.—
„ Oberstlt. Bolberitz v. Bleybach, Erlau	4.—
„ Oberst Bogdan, Bruneck	4.—
„ Rudolf Bogusch, Deutsch-Wagram	18.60
„ Karl Bohrn, Gaunersdorf	2.40
Se. Exzl. FZM. Freih. v. Bolfras, Wien	4.—
Herr Pfarrer Bonaventura, Velm-Götzendorf	—.40
Se. Exzl. FML. Bonti, Wien	2.—
Herr Oberstlt. Baron Bonmassar, Innsbruck	4.—
„ Oberst v. Borota, Baden	2.—
„ Major v. Borota, Wien I.	4.—
„ Ober-Intendant v. Borowiczka, Innsbruck	2.—
„ Kustos Josef Bortlit, Deutsch-Altenburg	4.—
Bosn.-herzeg. Inf.-Reg. Nr. 4, Triest	4.—
Herr Wilhelm Ritt. v. Boschan, Wien	3.—
„ Oberst v. Bothar, Föderlach	2.—
„ Oberstlt. Baron Borberg, Schloßhof	16.—
„ Schulleiter Boyer, Karnabrunn	1.60
Exzl. FML. Baron Boyneburg, Wien, VII.	2.—
„ Direktor Bradel, Wien	2.—
„ Franz Bradler, Nabelsbach	4.—
„ Fregattenkapitän Brandmayer, Wien	2.—
„ Major Brandmayer, Olmütz	2.—
„ Oberst Edler v. Brandner, Klagenfurt	4.—

	K
Herr Major Brandner, Szombathely	2.—
„ Major Brantner, Mödling	2.—
„ GM. v. Brasseur, Wien VII.	2.—
„ Oberst Braun, Prag-Smichov	3.60
„ Oberst Brauner, Przemyśl	2.—
„ Brausewetter, Wagram bei Leobersdorf	1.60
„ Pfarrer Breit, Böheimkirchen	2.—
„ Major von Brenner, Przemyśl	2.—
„ Hptm. Brenner von Flammenberg, Hainburg	2.—
„ GM. Heinrich v. Brilli, Wien, IV.	2.—
„ Oberst v. Brilli, Przemyśl	2.—
„ Ober-Revident Eugen Brix, Wien I.	1.—
„ Franz Brodschel, Wien XXI.	4.—
Pater Ernst Bronch, Stiftskämmerer Altenburg	2.—
Herr Pfarrer Brosenbauer, Lunz	2.—
„ Oberst Broziel, Tarnopol	2.—
„ Ludwig Brunner, Wien	4.40
„ Major Brusmann, Pantovčat	2.—
Se. Exzl. FML. von Bruzek, Krakau	4.—
Herr Oberst Bscheiden, Wien	6.—
„ Dr. Josef Buchmüller, Woltersdorf	10.—
„ Karl Bubanac, k. u. k. Feldsuperior, Graz	4.—
„ Oberst v. Budisa otjevie, Mödling	2.—
„ Ferdinand Graf Buquoir, Hauenstein	4.—
„ Hermann Bührlein, Wartberg, Steiermark	2.—
„ Major von Bülow, K. deutscher Militär-Attaché, Wien	10.—
Bürgermeisteramt, Graz	2.—
Herr Josef Burda, Bluman	4.—
„ Major Buresch, Jaroslau	1.60
„ Pfarrer Burger, Prottes	4.—
„ Oberst Bußjäger, Serajevo	5.—
Se. Exzl. Baron Buttlar, Graz	2.—
Herr Baron von Buttlar, Brünn	7.—
„ Franz Butz, Ober-Siebenbrunn	3.60
„ Art.-Ob.-Ing. Caminada, Blumau	2.—
„ Oberst v. Canič, Trenčsen	1.60
„ GM. Cankl, Nagy-Narad	2.—
„ Oberst Graf Cappy, Sulz-Stangau	3.—
Carmeliter-Convent, Linz	4.—
Se. Exzl. FML. Catinelli, Görz	8.—
„ FML. v. Ceipek, Wien	4.—
Herr GM. Edl. v. Ceipek, Wien	6.—
„ Oberstabsarzt Dr. Cerdiček, Wien	3.—
„ Major Anton Cettinco, Hohenmauth	2.—
„ Oberstlt. Chalaupta, Görz	4.—
Se. Exzl. FML. R. v. Chavanne, Laibach	4.—
Se. Exzl. Freih. v. Chertek, Wien	8.—
Se. Exzl. FZM. v. Chizzola, Wien	2.—
„ Freih. v. Chlumetzky, Wien	20.—
Herr Major Chmela, Wien	1.80
„ Egon Graf Chorinski, Wien	10.—
„ Rudolf Graf Chorinski, Laibach	2.—
„ Anton Christen, Deutsch-Wagram	4.—
„ Major Franz Christen, Beraun	5.60

	K
Herr Hptm. Bruno Churawy, Wien .	4.—
„ Hptm. Ottokar Chwostek, Przemysl	2.—
„ Josef Chwoika, Lang-Enzersdorf	4.—
„ Hptm. Wenzel Chwoika, Jaroslau	2.—
„ Dr. Virgil Cioban, Wien I. . .	2.—
„ Franz Graf Clam-Gallas, Wien	10.—
„ GM. Coitkovic, Zara	2.—
„ GM. v. Colard, Salzburg . .	2.—
„ GM. v. Colerus, Wien . . .	2.—
Collegium S. J. Freinberg, Linz .	2.—
Durchl. Fürst Collalto, Wien . .	20.—
„ Herr Oberst Colombine, Ödenburg	2.—
Se. Erzl. FML. Conrad v. Hötzendorf, Wien	12.—
Se. Erzl. Statthalter Graf Coudenhove, Prag	20.—
Herr Baron Aler v. Coudenhove, Wien I	50.—
„ Karl Costenoble, Wien . .	20.—
„ Ludwig Creutzer, k. k. Börsedisponent. Wien . . .	4.—
„ Hptm. v. Criegern, Riesa (Sachsen)	20.—
„ Hptm. Ritt. v. Cruß, Wien .	3.—
„ Oberst Csak, Budapest . . .	4.—
„ Oberst Max v. Csicserics, Lemberg	2.—
„ Art.-Ob.-Ing. Csurusky, Komorn	2.—
„ Bischof Konstantin Czechowicz, Przemysl	4.—
Hochw. Herr Alexander Czernohorsky, Chorherr Klosterneuburg . .	4.—
Se. Erzl. FZM. Ritt. v. Czibulka, Prag	9.—
Herr Raimund Czischek, Deutsch-Wagram	2.—
„ Major Dabrowski, Kolozsvar .	2.—
„ Oberst v. Dabrowski, Wien .	2.—
„ Dasert Wien	—.40
„ Oberst Hugo v. Daler, Wien .	5.—
„ Art.-Ing. Dana, Wien . . .	1.60
„ Pfarrer Dangl, Braud bei Gmünd	—.40
„ Oberst Franz Daniel, Budweis	
Se. Erzl. FML. Viktor Dankl, Agram	12.—
Herr Dankl, Trient . . .	8.—
„ Karl v. Dardel, Neunkirchen .	2.—
„ Oberst v. Davidov, Zloczow .	4.—
„ Oberlehrer Debus, Weikendorf .	1.60
Prior P. Dedic, Heiligenkreuz .	6.—
Herr Land.-Ger.-Rat Karl Delago, Passaier (Tirol)	2.—
„ Major Delic, Karlstadt . . .	2.—
„ Oberst Demar, Schwaz (Tirol)	2.—
„ Hptm. Demin v. Wasoricz, Lemberg	2.—
„ Major Demus, Przemysl . . .	2.—
„ Oberst Ignaz Dengler, Hermannstadt	5.—
„ Major Josef Deunchko, Rzeszow	2.—
„ Robert Deubner, Götzendorf .	6.—
Deutsches Konsulat, Wien . .	8.—
Herr Wilhelm Diebl, Ulrichskirchen	8.—
„ Forstm. Diensthuber, Admont .	2.—
„ Oberst Dieterich, Großwardein	6.—
Durchl. Hugo Fürst v. Dietrichstein Wien	5.—

	K
Herr Oberst Albert Dietrich, Arad	7.—
„ Franz Dietz, Fabrikant, Traisen	6.90
„ Peter Dinst, Marktgrafneusiedl .	5.20
„ Oberstlt. Baron Diller, Prag .	2.—
„ Oberlt. Baron Ditfurth, Wr.-Neustadt	2.—
„ Kontrollor Ditl, Wien . . .	2.—
„ Oberstlt. Dits, Wien . . .	4.—
„ C. Ditscheiner, Wien . . .	2.—
„ Oberstlt. Julius Dittert, Wien	2.—
„ Major Dittrich, Klagenfurt . .	2.—
„ Pfarrer Dittrich, Wien . . .	1.60
„ Oberst J. Divis, Trient . . .	2.—
„ Major Wenzel Dijtot, Czortkow	2.—
„ Oberstlt. Djuric, Temesvar . .	1.60
„ Oberst Bernhard v. Dobler, Linz	3.60
„ Theodor Dobler, Gmunden . .	—.80
„ Oberstlt. Ritter v. Dobiecki, Czernowitz	2.—
„ Oberstlt. Dobrauz, Kalinovik .	2.—
„ Oberl. Dobriban, Hainburg . .	2.—
„ Major Doctorovich, Przepolze	4.—
„ Oberst Anton Dolleczel, Stein in K.	4.—
Se. Erzl. FML. Baron Döller, Wien	4.—
Herr Raimund Döller, Kirchberg a. d. Pielach	2.—
„ Major Domacinovic, Jicin . .	2.—
„ Dr. Domanig, Wien	1.—
„ GM. Domansky v. Doman, Arad	5.—
„ Rittm. Karl Domansky, Fischau	2.—
„ GM. Domansky, Budweis . .	5.—
Dominikanerkloster, Poblamien . .	1.60
„ Oberst Donner v. Blitzbergen, Brünn	1.60
„ Pfarrer Doytowitz, Dürnstein a. d. Donau	4.—
Bisch. Gnaden Franz Maria Doppelbauer, Bischof in Linz .	22.—
Herr Pfarrer Dorfwirth, Weitendorf	1.60
„ Oberlehrer Dorn, Wien . . .	—.80
„ Dr. Ritt. v. Dornfeld, Neulengbach	2.—
„ Major Dostal, Hermannstadt .	2.—
K. u. k. Dragoner-Reg. Nr. 3, Krakau	10.—
„ „ „ „ „ 8, Przemysl	22.—
K. u. k. Dragoner-Reg. Nr. 9, Lemberg	50.—
„ „ „ „ 10, Olmütz	50.—
„ „ „ „ 13, Klattau	2.—
„ „ „ „ 14, Stanislau	30.—
Herr Baurat Josef Drahokoupil, Wien	2
„ Hofrat v. Drathschmidt, Innsbruck	2.—
„ Major Drennig, Wien . . .	2.—
„ Major Dubsky, Sambor . . .	2.—
„ Ober-Intend. Friedrich Dumann Graz	2.—
„ Konstantin v. Dumba, Wien .	10.—
„ Baumeister Josef Dunkl jun., Mistelbach	2.—
„ Oberstlt. Dürrigl, Brünn . . .	1.60
„ GM. Karl Dvorat, Cattaro . .	2.—
„ Major Wilhelm v. Dworzat, Pola	2.—
„ Bez.-Richter Eberl, Wolkersdorf	2.—

	K
Herr Pfarrer Ebner, Schöngraben . .	2.80
„ Major Herm. Ecker, Bozen . . .	2.—
„ Oberlehrer Echsel, Wien XIV. .	—.40
„ Major Eckhardt, Hermagor . .	4.—
„ Notar Hermann Eckhardt, Wien	7.20
Frau Hofrat Eckhardt, Wien	8.—
err Adolf Eder, Hainburg	5.—
„ Major Edlmann, Hermannstadt	2.—
„ Major Leopold Edlmann, Nagy=Barad	5.—
„ Ludwig Egger, Wien	4.—
„ Baron v. Ehrenfels, Brunn am Walde	4.—
„ Martin Ehrenhöfer, Gloggnitz	4.—
„ Oberstlt. Echsler, Wien	2.—
„ Pfarrer Rud. Eichhorn Wien XIX.	3.60
„ Ed. Eichler, Hainfeld	1.50
Eichmann & Co. Arnau	—.80
Herr Karl Eigner, Gmünd	1.60
„ Pfarrer Otto Eigner, Bockfließ	4.—
„ Prof. Einzinger, St. Pölten . .	2.—
„ Dr. R. Eisler, Wien XXI. . .	3.60
„ Lorenz Eisler, Deutsch=Wagram	2.—
„ Oberst Eisler, Teschen	2.—
„ Oberstlt. Eisler, Mostar . . .	4.—
„ Pfarrer Eisterer, Wien X. . .	5.—
„ Oberst Konstantin Ekmecic, Arad	2.—
„ Obstlt. Edl. v. Ellenberger, Eger	4.—
„ Oberst Ellis, Novi=Marof . . .	2.—
„ Moritz Elz, Stift Arbagger . .	2.—
„ Ob.=Baurat Engelmann, Wien	4.—
„ Oberstlt. Engler, Neuhaus . .	2.—
„ Oberstlt. Rudolf Engler, Prag	2.—
„ Engelstein, Post Gem. Schönau	20.—
„ FML. Ritt. v. Englisch, Przemysl	5.—
„ Oberst Ludwig Eppich, Linz . .	2.—
„ Major Erber, Zicin	2.—
„ Postm. Erbersdobler, Deutsch=Wagram	1.20
Ergänz.=Bez.=Kom. Nr. 20, Neu=Sandec	2.—
„ Heinrich Erhold, Wien	2.—
„ Ignaz Erlinger, Seefeld . . .	7.40
„ Major Esch, Eger	4.—
„ Prof. J. Eschler, Wr.=Neustadt	2.—
„ Oberstlt. Konrad Eßler, Krems	2.—
„ Dechant Ethofer, Probstdorf . .	2.—
„ Edm. Erwald, Triest	2.—
„ Spedit. Otto Eybner, St. Pölten	2.—
„ Pfarrer F. E.	10.—
„ Moriz Faber, Wien IV. . . .	22.—
„ Oberst Ritt. Fabrizii, Wien . .	2.—
„ Franz Fabry, Kralowa	2.52
„ Johann Faimann, Gänserndorf .	52.—
„ Schulleiter Faltreier, Schrattenthal	4.—
„ Michael Falkner, Gaunersdorf .	4.—
„ Hptm. Falkner. Wien	2.—
„ FML. Fanta, Temesvar	5.20
„ GM. Heinrich Fath, Lemberg .	4.—
„ Pfarrer Adrian Fatz, Breitenle .	5.—
„ Major Fehmel, Lemberg . . .	2.—
„ Prof. Adolf Feichtinger, Mauer b. Wien	5.—
„ GM. Feigl, Volosca	2.—
„ Oberst Fekete, Budapest . . .	2.—
„ GM. A. Feil=Grießler, Banjaluka	2.—

	K
2/21. Feld=Baon., Časlau	2.—
Feld=Baon. 10., Steyr	2.—
Feldjäger=Baon. Nr. 29, Gradiška .	2.—
„ „ „ 21, Bruck a.d.Mur	5.—
„ „ „ 3, Brodh	10.—
Feldkanonen=Reg. Nr. 3, Krakau . .	2.—
„ „ 2, Natot . . .	2.—
Herr Pfarrer Feltl, Feldsberg . . .	—.80
„ Bez.=Hptm. Dr. Feldmann, Pöggstall	3.—
„ Oberstlt. Fernengel, Görz . .	2.—
„ Baron Festa, Brünn	4.—
„ Major Festner, Sarajevo . . .	2.—
Festungs=Art.=Reg. Nr. 1, Wien . .	2.—
„ „ „ 5, Cattaro . .	10.—
„ „ „ 1, Wien=Arsenal	20.—
Herr Oberstlt. Fettinger, Agram . .	2.—
„ Oberstlt. Anton Fettinger, Wien XII.	2.—
„ Oberst Fialka, Lemberg . . .	2.—
„ Oberl. Fiby, Wien VIII. . . .	6.40
„ Hptm. Ficker, Wien	1.60
„ GM. Fidler, Przemysl	2.—
„ GM. Fiebich=Ripke, Troppau	2.—
„ Oberst Fiedler, Wr.=Neustadt	1.60
„ Erzl. FZM. Fiedler, Wien . .	4.—
Herr Oberst Fischer, Brüx	2.—
„ Oberstabsarzt Dr. Fischer, Wien	5.—
„ Major Fischer, Hall in Tirol .	2.—
„ Dr. Fischmeister, Mödling . .	2.—
„ Fin.=Rat Karl Fietzka, Mistelbach	8.40
„ GM. Joh. Fitzner, Budapest .	2.—
„ Kom.=Rat Fitzner, Laurahütte, Preuß. Schles.	10.—
„ Major Flach, Brünn	1.60
„ Alois Flatzer, Deutsch=Wagram	2.—
„ Major Adolf Flecker, Eger . .	2.—
„ Major Peter Fleischer, Hermannstadt	2.—
„ Major Fleischer, Castelnovo . .	2.—
„ Oberst v. Flick, Wels	5.—
„ Ing. Hans Föderl, Wien III. .	—.50
„ Gustav Follenhals, Mostar . .	2.—
„ Ober=Rechn.=Rat Folie, Triest .	2.—
„ Major Franz Folt, Budapest .	2.—
Forstgutsverwaltung Groß=Nußbach .	4.—
Herr Major Formanet, Munkács . .	3.—
„ Oberst Fornasari Verce, Krakau	4.—
„ Major Förster, Hohenmauth . .	2.—
„ GM. Vinz. For, Znaim . . .	6.—
„ Dr. v. Fraß, Wr.=Neustadt . .	2.—
„ Major Franz Francetic, Budapest	4.—
„ FML. Otto Frank, Wien . . .	5.20
„ Oberstlt. Franke, Stanislau . .	2.—
„ Dir. Jos. Franz, Wien XVII. .	1.—
„ GM. Franz, Komorn	1.60
„ Anton Franz, Ollersdorf . . .	3.20
„ Oberlt. Jul. Frauendorfer, Wr.=Neustadt	3.—
„ A. Freißler, Wien IV.	2.40
„ Pfarrer Freimüller, Neudorf b. Staatz	7.60
Freiw. Feuerwehr Amstetten	1.60
„ „ Baden	—.80
„ „ Bockfließ . . .	4.—
„ „ Burgschleinitz . . .	10.—

	K		K
Freiw. Feuerwehr Eßlingen	1.60	Herr GM. Gaudernat, Hermannstadt	2.—
„ „ Fischamend	10.—	„ Pfarrer Josef Gaunersdorfer, Kagran	15.60
„ „ Gerasdorf	10.—	„ OLGM. Gaunersdorfer, Salzburg	4.—
„ „ Gföhl	3.06	„ Dir. Johann Gaunersdorfer, Mödling	11.—
„ „ Glinzendorf	16.—	„ Ludw. Gausterer, Guntramsdorf	1.60
„ „ Gmünd	—.80	„ Oberstlt. Gay, Zloczow	2.—
„ „ Greifenstein	3.60	„ GM. Baron. Gayer, Hermannstadt	5.—
„ „ Groß-Kadolz	1.60	„ Leutn. Paul v. Gebauer, Traiskirchen	2.—
„ „ Hausbrunn	1.60	„ Generalauditor Ed. Gebl, Wien	4.—
„ „ Hohenau	6.60	„ Johann Geigler, Blumau	1.60
„ „ Hohenruppersdorf	10.—	„ FML. Graf Geldern-Egmond, Wien	4.—
„ „ Kollenbrunn	1.60	„ GM. Freih. v. Gemminger, Stanislau	3.—
„ „ Korneuburg	3.60	Gemeindeamt Aspang	5.—
„ „ Leitersdorf	1.60	„ Atzgersdorf	27.—
„ „ Leopoldau	20.—	„ Amstetten	—.80
„ „ Markgraf-Neusiedl	20.—	„ Dröfing	4.—
„ „ Matzen	—.80	„ Dürnkrut	1.60
„ „ Minnichsthal	1.60	„ Enzersdorf, Groß-	20.—
„ „ Oberhausen	2.40	„ Eggenburg	4.—
„ „ Ober-Rohrbach	2.—	„ Erlau b. Wien	10.80
„ „ Stadlau	10.—	„ Enzersfeld	2.—
„ „ Treismauer	1.60	„ Floridsdorf	50.—
„ „ Trumau	—.80	„ Gerasdorf	4.—
„ „ Weikendorf	1.60	„ Hirschstetten	5.—
Herr Baurat v. Friebeis, Wien	2.60	„ Haringsee	2.—
„ Oberst Ernst v. Friedberg, Wien V.	2.—	„ Hohenau	—.40
„ Oberst Ernst v. Friedl, Trient	2.—	„ Hirtenberg	—.80
„ Major R. v. Friedl, Pisek	6.—	„ Inzersdorf	5.—
„ Major Friedl, Eger	4.—	„ Jedlersdorf Groß-	20.—
„ Oberl. Frey, Wien, Arsenal	2.—	„ Kalksburg	1.60
„ GM. Johann Friedel, Böcklabruck	2.—	„ Kaumberg	2.—
„ GM. Friedel, Krakau	2.—	„ Klosterneuburg	12.40
„ Oberlt. Friedrich, Klosterneuburg	1.60	„ Ladendorf	10.—
„ Wilh. Friedrich, Heidenreichstein	1.40	„ Leobendorf	13.60
„ Oberlt. Friezel, Preßburg	2.—	„ Matzen	1.60
„ Dr. Heinrich Friedjung, Wien	12.—	„ Niedersulz	1.60
„ Karl Frim, Baden	2.—	„ Oberhausen	—.40
„ Graf Fries, Cernahora	2.—	„ Olberndorf, Unter-	1.60
„ Dr. Eugen Frischauf, Eggenburg	4.—	„ Ottenschlag	—.80
„ GM. Franz v. Fritsch, Pilsen	2.—	„ Pfaffstätten	8.—
„ Josef Fritscher, Ob.-Lanzendorf	4.—	„ Patzmannsdorf	10.—
„ Franz Frohner, Zistersdorf	7.60	„ Billichsdorf	4.—
„ Dr. Fronz, Kufstein	1.—	„ Burgstall	1.—
„ Major Froreich, Pardubitz	2.—	„ Poysbrunn	10.—
„ Gedeon v. Froschauer, Wien	2.—	„ Petronell	7.—
„ Hptm. Ernst Frühauf, Wien	2.—	„ Burkersdorf	10.—
„ Major Emil Fuchs, Kronstadt	2.—	„ Rohrbach, Ober-	3.—
„ Dr. O. A. Fuchs, Schwechat	1.—	„ Reichenau b. Payerbach	10.—
„ Major Fuchs, Brassó	1.60	„ Raasdorf	4.—
„ Alois Fuchs, Kaumerburg	3.—	„ Stammersdorf	—.40
„ Dr. Fuchs, St. Peter im Sulmtal	1.—	„ Retz, Altstadt	2.—
„ Oberstlt. Josef Fux, Preßburg	2.—	„ Spitz a. d. Donau	23.—
„ Oberst Fux, Preßburg	2.—	„ Strebersdorf	22.—
„ Kommerzialrat Fuhrich, Wien	2.—	„ Simonsfeld	2.—
„ Durchl. Landgraf zu Fürstenberg, Wien-Weitra	1.70	„ Traismauer	4.—
„ Josef Furtlehner, Waldhausen	2.—	„ Tallesbrunn	1.60
„ GM. Rudolf Gall, Wien VII.	2.—	„ Tachau (Böhmen)	2.—
Exzl. FML. Eduard Gangl, Theresienstadt	2.—	„ Traisen	—.50
Herr Major Gangl, Szegedin	1.60	„ Ulmersfeld	1.60
Garnisonsspital Nr. 27, Baden	2.—	„ Velm	3.60
Gärtner-Verein, Alt-Erlau	14.—		
„ Major Gasiecki, Przemysl	3.60		
„ Prof. Dr. Fritz Gatscha, Stockerau	3.—		

	K
Gemeindeamt Weißenbach a. d. Triesting	18.40
„ Weidling	10.—
„ Wulzeshofen	10.—
„ Woltersdorf	1.60
„ Weikendorf	1.60
„ Wieselburg a. d. Erlauf	10.—
„ Ybbs a. d. Donau	10.—
„ Zistersdorf	5.—
Landes-Gend.-Kmdo. Troppau	2.—
Gend.-Abtl. Bruneck	2.—
„ Brünn	1.60
„ Gottschee	1.60
„ Przemysl	1.60
„ Sokal	1.60
Bez.-Gend.-Kmdo. Hietzing	4.—
Gend.-Posten-Kom. Ernstbrunn	1.60
„ Pyhra	1.60
„ Schwechat	4.—
Genie-Dir. Trebinje	4.—
„ Komorn	2.—
Beamte des n.-ö. Landes-Inspektorates für Genossenschaftswesen in Wien	5.60
Albin Gerl, Hasc	15.60
Erzl. FML. v. Georgi, Wien	5.—
Herr Oberstbrigadier Franz Georgi, Theresienstadt	2.—
„ Oberstlt. Carl Georgi, Innichen	2.—
Gesellschaft der Geschichtsfreunde, Wien	5.—
Gesang- und Musikverein, Raabs	5.—
Herr Oberstlt. Geramb, Neu-Sandec	7.20
„ Rittm. Gerba, Fora	1.60
Erzl. FML. N. Gerba, Agram	5.—
Herr Ob.-Inspekt.-Rat Gerenyi, Wien	2.—
„ Friedrich Gerich, Wien I.	2.—
„ OberstR.v.Gerstenberg-Reichsegg, Lemberg	2.—
„ Oberst R. v. Gerstenberger, Tarnopol	2.—
„ Dr. Gianonni, Mödling	3.—
„ Landes-Rechn.-Rat Gielinger, Wien I.	2.—
„ Dir. Oskar v. Giesl, Holleschau	5.—
„ Oberl. Gilg, Süßenbrunn	4.—
„ Major Giuppani, Zara	10.—
„ Oberst Giuriovic, Laxenburg	10.—
„ Major Heinrich Glas, Locse	2.—
„ Josef Glaser, Wien XXI.	2.—
„ Oberstlt. Robert Gläser, Krakau	2.—
„ Oberstlt. Heinrich Gläser, Eger	2.—
„ Oberstlt. Glässer, Krakau	2.—
„ Major Glässer, Prag	1.60
„ Major Gustav Glöckler, Salzburg	2.—
„ Glöckler, Görz	3.60
„ Anton Glück, Deutsch-Wagram	2.—
Erzl. FML. Glücksmann, Linz	2.—
Herr Oberstlt. Glogar, Wien	2.—
Hochw. Herr Provinzial P. Glunad, Wien I.	3.—
Herr Major Godzinski, Josefstadt	2.—
Erzl. Landes-Hptm. Graf Goeß, Klagenfurt	12.—
Herr Major Goethem, Mitrowitz	4.—
„ v. Goffic, Beraue	2.—
„ Oberst Vinzenz Göhl, Przemysl	5.—
„ Oberst Goiginger, Pola	2.—
„ Pfarrer Gold, Wien III/1	1.—
„ Josef Goldmann, Budweis	2.—

	K
Herr Fachl. Jos. Goldmann, Budweis	2.—
„ Franz Goldsteiner, Deutsch-Wagram	19.—
„ Oberstabsarzt Dr. Franz Golet, Zara	2.—
„ Dr. Golet, Theresienstadt	2.—
Erzl. Agenor Graf Goluchowski, Wien	10.—
Herr Oberstabsarzt Dr. Gooß, Przemysl	2.—
„ Oberstlt. v. Göpferth, Bilek	2.—
„ Major v. Görz, Fünfkirchen	5.—
„ Ing. Gössing, Deutsch-Wagram	2.—
„ J. Gössinger, Unter-Waltersdorf	2.—
„ Oberstlt. Gostischa, Krakau	2.—
„ Oberst Karl Gotti, Wien VI.	4.—
„ Major Gottlicher, Innsbruck	2.—
„ Intend. Göth, Wien	3.60
Lehrerin Romana Graf, Deutsch-Wagram	7.—
Herr Niklas Graf, Floridsdorf	3.60
„ Bürgermeister Dr. Franz Graf, Graz	2.—
„ Dechant Joh. Grander, St. Johann, Tirol	2.—
Emilie Grandmasson, Le Perreux, Frankreich	20.—
Herr GM. Gregorowicz, Jaroslau	2.—
„ Oberst Gregorowicz, Prag	2.—
„ Oberst Gregorowicz, Karolinenthal	5.—
„ GM. Gregorowicz, Jaroslav	2.—
„ Al. Greisinger, St. Martin a. d. Ybbs	3.60
„ Karl Griesler, Gresten	1.60
„ Karl Grienberger, Gresten	2.—
„ Major Grimm, Buchau	2.—
„ Major Karl Grimm, St. Pölten	2.—
„ Oberst v. Grimmer, Görz	2.—
„ Prof. Dr. Grippel, Oberhollabrunn	3.60
„ Major Grohns, Neuhaus	2.—
„ Oberintendant Ludwig Groß, Preßburg	2.—
„ Feldsuperior Josef Groß, Preßburg	3.60
„ Rud. Großmann, Wien XIII.	—.40
„ Schloßinsp. Groifer, Innsbruck	2.—
„ Pfarrer Groiß, Marchegg	4.—
„ Major Grolms, Neuhaus	4.—
„ Oberst Gruber, Wien	1.50
„ Radetzky-Veteran Jos. Gruber Bayerbach	6.10
„ Oberstabsarzt Dr. Gruber, Wien	2.—
„ Dir. Anton Gruber, Graz	2.—
„ Oberst Robert Gruszecki, Preßbj	2.—
„ Grün Ferdinand, Wien	10.—
„ Gastwirt Johann Grünauer, Wien XXI.	20.—
„ Major Grünbaum, Wien	2.—
„ Franz Grünebaum, Wien	10.—
„ Major Grüner, Arad	2.—
„ Major Grüner, Wien	5.—
„ Grünwald Ludwig, Wien	2.—
Hochw. Herr Feldsuperior Ladislaus Grzyziedi, Lemberg	2.—
Herr J. Gsottbauer, Wien IX.	4.—
„ Pfarrer Gstettner, Pottenbrunn	6.—
„ Major Gstrcic, Prezine	2.—
„ Oberlt. Gmeind, Wien	2.—

K

Herr Josef Graf v. Gudenus, Michl-
bach . . . . 5.—
„ Oberstlt. Guilleaume, Bozen . 2.—
„ Josef Ritt. v. Gumpenberger,
Wien . . . . 10.—
„ J. Gunzer, Dröfing . . . . . 4.—
„ Oberst Edler v. Gussek, Trient . 5.—
„ Oberst v. Gussek, Innsbruck . . 2.—
„ Oberst v. Gutter, Tarnow . . 2.—
„ Kooperator Gutmandelberger,
Weißtrach 7.40
„ Max v. Gutmann, Wien . . . 10.—
Gutsverwaltung, Rothneufiedl . . . 2.—
Herr Major Günther, Eßtergom . . 5.—
„ Pfarrer Don. Barn. Günther,
Wien I. . . . . 2.—
„ Alex. Güntter, Eßtergom . . . 2.—
„ Ober-Int. Gürth, Wien . . . 1.60
„ Oberst Gürtler, Prag . . . . 2.—
„ GM. Josef Gürtler, Budapeft . 2.—
Gymnafium Seitenstetten . . . . . —.40
Herr Graf Hardegg, Wien . . . . 9.—
Erlaucht Graf Hardegg, Stettelborf . 2.—
Herr Graf Hardegg, Josef, Wien . . 2.—
„ Oberst Hauschka, Catelnuovo . 2.—
„ Oberstlt. Hanschka, Wien . . 2.—
Erlaucht Graf Harrach Johann, Wien 2.—
„ Graf Harrach, Brugg . . 50.—
Herr Harpke Anton v., Wien . . . 4.—
„ GM. Hausenblas, Rzeßow, . 8.—
„ Karl Hager, Deutsch-Wagram . 12.—
„ Ferd. Hager, Deutsch-Wagram . 2.—
„ Franz Hager, Deutsch-Wagram . 2.—
„ Leutn. v.E.Hardtmuth, Budweis 6.—
„ Hofrat Hawrda, Wien . . . 12.—
Exzl. General Hauer, Budapeft . . 4.—
Herr Anton Hauer, Nieder-Hollabrunn 2.—
„ Pfarrer P. Clemens Hauer . . 4.—
„ Kooperator Hauer, Gmünd . . 10.40
„ Major Franz Hauser, Wien . . 2.—
„ Major Hauser, Hermannstadt . 3.—
„ Pfarrer P. Felix Hauser, Pultau 1.60
„ Mathias Hauser, Matonbasar . 7.—
„ Major Robert Hauser, Hermann-
stadt . . . . 3.—
„ Oberst Mat. v. Hauser, Wien . 2.—
„ Vinzenz Haas, Kiblitz 1.60
„ Pfarrer Haas, Himberg . . . . —.40
„ Oberst Haas, Stanislau . . . 4.—
„ Major Haas, Peterwardein . . 4.—
„ Dr. Theodor Haafe, Super-
intendent, Teschen . . . . 12.—
„ Dr. Ritt. v. Hampe, Wien . . 4.—
„ Dr. Franz Ritter v. Haberler,
Innsbruck . . . . 2.—
„ Johann Hann, Ernftbrunn . . 1.60
„ Edmund Bar. Hann, Salzburg . 2.—
Frau Paula Haffek, Trebitfch . . . 4.—
Herr Oberst v. Habermann, Wien . . 2.—
„ Kom.-Rat Habig, Wien . . . 2.—
„ Inspektor Habit, Linz . . . . 2.—
„ Oberst Haubner, Traiskirchen . 9.—
„ Karl Haufel, Wien 4.20
„ Bischöflicher Notar Halbmayr,
St. Pölten . . . . 2.—
„ Baron Hagnau, Brünn . . . 2.—
„ P. Haumerl, Stift Zwettl . . . 2.—

K

Herr Josef Halbetel, Deutsch-Wagram 2.—
„ Major Haam, Franzensfeste . 2.—
„ Hptm. v. Hackenberg, Wien . . 2.—
„ Thomas Habrigan, Gerasdorf . 4.—
„ Baron Halbhuber, Wien . . . 2.80
„ Oberst Haller, Wien . . . . . 2.—
„ Eduard Hampel, Wien 1.60
„ Karl Hampel, Wien . . . . . 2.—
„ Hofgärtner Hauke, Ischl . . . . 2.—
„ Josef Hannak, Groß-Siegharts . 4.—
„ Franz Harrer, Oberndorf . . 1.60
„ Willibald Hauthaler, Abt. St.
Peter, St. Salzburg . . . . 9.—
„ Major Adolf Hartel, Munkacs . 2.—
„ LGR. Hambeck . . . . 2.—
„ Hptm. Robert Haage, Wien . . 2.—
„ Dr. H. Hafinger . . . . . . 2.—
„ Oberkom. Joh. Hafner, Cavalèe 2.—
„ Oberst August Hajeck, Pola : . 2.—
„ Johann Hann, Ernftbrunn . . . 2.—
„ Hofgärtner Hauke, Ischl . . . 2.—
„ Dr. Theodor Haberer, Kloster-
neuburg . . . . 2.—
„ Sekretär Dr. Josef Hanausfa,
Wien I. . . . . 4.—
„ Oberlehrer Hampel, Wien X/₃ . —.80
„ Förster Hanaberger, Waidhofen
a. d. Ybbs . . . . 2.—
„ Inspektor Gustav Habit, Linz . 2.—
„ Karl Graf Haugwitz, Wald . . 2.—
„ Major Hennebert, Rogaticir . 4.—
„ Postmeister Hermann, Wien . . 4.—
„ Paul Hein, k. k. Boniteur, Wien 8.80
„ Rittmeister Heidmann, Tulln . 10.—
„ Karl Herzog, Klosterneuburg . . 4.—
„ Karl Heilinger, Deutsch-Wagram . 14.—
„ Sebastian Heeberger, Leopolds-
dorf 4.40
„ Oberstlt. Karl Hetz, Salzburg . 4.—
„ Major Hetz, Zuwawice . . . . 2.—
„ GM. Philipp Heß, Wien . . . 2.—
„ Oberst Rudolf Heß, Eßtergom . 2.—
„ Baron Heß=Diller, Baden . . 2.—
„ Major Hellebranth de Tiszabro,
Wien . . . . 2.—
„ Oberst Josef Heilmann, Sarajevo 2.—
„ Major Herbster, Kaschau . . 2.—
„ Oberst v. Herbster, Gyorgyas . 2.—
„ Hratke, Oberverwalter, Trient . 2.—
„ Rudolf Heisenberger, Horn . . 2.—
„ Karl Heinz, Scheibbs . . . . 2.—
„ Rittm. Rudolf Heim, Hamburg . 2.—
„ Dr. August Hermann, St. Pölten 2.—
„ Major Ernst Herget, Budweis . 2.—
Pfarrer Johann Keffer, Baden . —.40
„ Major Hermann, Jglau . . . 3.60
„ Major Herwirfch, Rzezano . . 2.—
„ GM. Heinike, Lemberg . . . 2.—
„ Oberstlt. Franz Herbert, Wien VI. 2.—
„ Major Herz, Eger . . . . . 2.—
„ Oberstlt. Herold v. Skoda, Brünn . 4.—
„ GM. Karl Heider, Karlsbad . . 5.—
„ Oberst Heſſelbach, Riefa, Sachsen 1.80
„ Bezirksrichter Heimann, Matzen . 2.—
„ Major Heinrich, Graz . . . . 2.—
„ Oberlehrer Heinz, Ringelsdorf . 1.20
„ Ing. Eduard Hellwig, Blumau . 1.60

	K			K
Herr Rudolf Heißenberger, Görz .	2.—	Herr Eman. Hohenegger, Dorfstetten		1.60
„ Major Heller, Mähr.-Schönberg	2.—	„ Michael Hohenefer, Nied.-Kreuz-		
„ FZM. Henikstein, Salzburg . .	2.—	stetten		4.—
„ Ob.-Intend. Henning, Agram .	1.60	„ GM. Horbaizewsky, Przemysl		1.60
„ Prof. Dr. Hermann, St. Pölten	1.60	„ Karl Hoffinger, Scheibbs . . .		1.60
„ Major Hermann, Iglau . . .	2.—	„ Oberlt. Hoja, Wien		1.60
„ Oberstlt. Herbert, Wien . . .	2.—	„ Oberinsp. Horst, Lang-Enzersdorf		7.—
„ Major Herzmansky, Freistadt .	4.—	Erzl. FZM. Horsetzky, Edl. v. Horn-		
„ Major Heyer, Pola	2.—	thal, Krakau		5.—
„ Jaroslav Helleparth, Wien . .	6.—	„ FZM. Freih. v. Horsetzky, Zara		5.—
„ Oberstlt. Hegedusic, Marburg .	3.60	„ Oberst v. Horsetzky, Hermann-		
„ Ernst Henke, Korneuburg . . .	4.—	stadt		2.—
„ Oberst Herzberg, Prag	4.—	„ FML. Franz v. Hortstein, Graz		2.—
K. k. Heeresmuseum, Wien	4.—	Herr Dr. Horwatitsch, Wien XXI. .		4.—
Herr Hptm. Hinterstoiser, Wien,		„ Direktor Horner, Liesing . . .		4.—
Arsenal	2.—	„ GM. Holzner, Pola		4.—
„ Oberstlt. Himmer, Wien . . .	2.—	„ Oberst Holzner, Trient . . .		11.60
„ Pfarrer Hicks, Unt.-Hinkenbrunn	2.—	„ Major Hrebek, Prag		2.—
„ Major Hinkmann, Königgrätz .	2.—	Hochw. P. Bertold Hromadnik, Stift		
„ Oberl. Hirschka, Wien XII. . .	—40	Lilienfeld		1.—
„ Ing. Hillerer, Wien I. . . .	1.—	Herr Dechant Hroß, Oberhollabrunn .		2.—
„ Johann Hirsch, Groß-Rußbach .	2.—	„ Oberstlt. Hrach, Stryj		5.60
„ Oberstlt. Hinnek, Nisko . . .	4.—	„ GM. Hrabar, Temesvar . . .		4.—
„ Oberstlt. Higermajer, Besztercze	4.—	Erzll. MZM. Hugetz, Trient . . .		3.—
„ Oberstlt. Hlawarik, Klagenfurt	2.—	Herr Ferd. Huschauer, Ober-Markers-		
„ Stabsarzt Dr. Hladik, Wien . .	5.—	dorf		2.—
„ Alois Hladny, Spachendorf . .	5.60	„ Franz Huschak, Wien X. . . .		—.40
„ Oberst Hlavacek, Klagenfurt .	2.—	„ Pfarrer Sebastian Hubik, St.		
„ Pfarrer Hlawatsch, Niedersulz .	—40	Martin b. Weitra		2.—
„ Stefan Hoffinger, Korneuburg	1.20	„ Hptm. C. v. Hümmel, Gamsarn		20.—
„ FML. v. Hortstein, Graz . . .	2.—	„ Oberl. Huttarsch, Katzelsdorf .		3.—
„ Theodor Hordt, Miskolecz . .	3.—	„ Paul Graf Hügel, Reintal b. Graz		10.—
„ GM. Hugo Hoffmann, Wien .	2.—	Husarenregiment Nr. 6		61.—
„ Emil Holleschinsky, Wien . .	2.—	„ „ 3		20.—
„ Abt Hönigl, Stift Seitenstetten	2.—	„ „ 1		30.—
„ Major Hoffaks, Wels	2.—	Herr Lehrer Huschak, Wien		1.60
„ Oberst v. Holzbecher, Kloster-		„ Major Anton Hubel, St. Peter		
neuburg	2.—	i. d. Au		2.—
Erzl. FML. Theod. v. Hornit, Komorn	4.—	„ Oberstlt. Hutter, Prag		2.—
Herr Oberstlt. Hötzel, Sanok . . .	2.—	„ Major Hubrich, Krakau . . .		2.—
„ GM. Franz Holzner, Pola . .	2.—	„ FML. Hugetz, Trient		4.—
„ Pfarrer Höbarth, Zistersdorf .	—40	„ General Graf Huyn, Wien . .		6.—
„ Christ. Holzinger, Ober-Holla-		„ Oberst Ludwig Graf Huyn, Wien		2.—
brunn	1.10	„ Oberst Graf Huyn, St. bei Lam-		
„ Direktor Franz Horak, Wien . .	2.—	bach		5.—
„ Oberst Hoppner, Przemysl . .	2.—	„ Major Graf Huyn, Brünn . . .		3.—
„ Pfarrer Hofdemel, Kranberg .	—40	Frau Luise Hueber, Gen.-Leutnants-		
„ Josef Holler, Wien XVII. . . .	2.—	gattin, Amstetten		2.—
Hochw. Horacek, Wr.-Neustadt . .	—80	Herr Landesrat Dr. Franz Hueber,		
Herr Pfarrer Hofmann, Gr.-Göttritz	—80	Wien I.		2.—
„ Tr. Roman Höbl, Wien	2.—	„ Inspektionsrat Huemer, Wien I		4.80
„ Wachtm. Lud. Hopfler, Dürnkrut	4.—	Sächs. Inf.-Reg. Nr. 8 in Dresden .		23.50
„ Major Graf Hoyos, Wien . . .	5.—	Intendanz des 1. Korps, Krakau . .		4.—
Erzl. FML. Hugo Hoffmann, Wien	2.—	„ „ 3. „ Graz . .		2.—
Herr Dr. Hoisel, Rohitsch-Sauerbrunn	2.—	„ „ 5. „ Preßburg .		2.—
„ Oberstlt. Hohenbühel, Wiener-		Herr Oberstlt. Iwanow		4.—
Neustadt	4.—	„ Major Illes, Oravicza		1.50
„ Oberstlt. Hoppner, Przemysl .	6.10	„ Major Ilosvary, Neuczczka . .		2.—
„ Hptm. Hönig, Wien	2.—	„ Major Ivanovic, Znaim . . .		4.—
„ Major Hoch, Arad	3.—	Invalidenbant, österr.-ung., Wien .		4.—
„ GM. Hoberstorfer, Budapest .	2.—	Herr Johann Imhof, Stillfried . . .		2.80
„ Hannik, Czernowitz	2.—	„ Dr. Franz Ilwof, Graz		2.—
„ Oberstlt. v. Horváth, Groß-		Inf.-Kadettenschule in Wien XIII/3 .		9.80
wardein	2.—	„ „ „ Innsbruck . .		1.60
„ Major Horak, Sopron	2.—	„ „ „ Lemberg . .		2.—
„ Oberstlt. Hölscher, Sarajevo .	2.—	„ „ „ Kaschau . .		5.60
„ FML. Hornit, Komorn	2.—	„ „ „ Kamenica . .		2.—

	K
Inf.-Reg. Nr. 1	25.—
„ „ 2	52.—
„ „ 3	50.—
„ „ 4	20.—
„ „ 7	52.—
„ „ 8	40.—
„ „ 9	20.—
„ „ 10	100.—
„ „ 11	100.—
Inf.-Feldbaon. 2/11	10.—
Inf.-Reg. Nr. 14	105.—
„ „ 19	11.60
„ „ 20	4.20
„ „ 21	50.—
„ „ 23	2.—
„ „ 25	100.—
„ „ 27	6.—
Inf.-Feldbaon. 3/28	2.—
Inf.-Reg. Nr. 28	50.—
„ „ 29	25.—
„ „ 32	200.—
„ „ 33	25.—
„ „ 35	40.—
„ „ 36	100.—
„ „ 37	5.—
„ „ 42	200.—
„ „ 43	20.—
„ „ 44	100.—
„ „ 45	1.60
„ „ 47	50.—
„ „ 49	28.—
„ „ 50	40.—
„ „ 51	6.—
„ „ 55	30.—
Inf.-Feldbaon. 3/56	10.—
Inf.-Reg. Nr. 58	50.—
Inf.-Feldbaon Nr. 1/38	6.—
Inf.-Reg. Nr. 60	10.—
„ „ 63	40.—
„ „ 65	30.—
„ „ 68	20.—
„ „ 70	7.—
„ „ 74	7.—
Inf.-Feldbaon. Nr. 1/77	20.—
2/102	4.—
Herr Oberst John, Marosvásárhely	1.60
„ Feldsuperior Jaglic, Graz	2.—
„ FML. Jonak v. Treyenwald, Wien	2.—
„ Adolf Jamrie, Feistriz	2.—
„ Kadett Jeblocic	2.—
„ Major Janisch, Hohenmauth	2.—
„ Major Jäger, Temesvar	2.—
„ Major Jäger, Lugos	1.60
„ Oberbaurat Jellinek, Wien	3.60
„ Oberst Jellinek, Wien	2.—
„ Major Jent, Trient	2.—
„ Oberst Jirotka, Königgräz	2.—
„ Karl Jung, Wien	3.—
„ Oberst Janoschko, Zurawice	12.—
Jäger, Klub der ehemaligen 21er, Wien	2.—
Herr Josef Jungherz, Wien	1.60
„ Oberst Johann Jawesko, Gyor	3.60
„ Oberst Jellenchich, Wien	2.—
Monsignore Anton Jallic, Graz	5.—
Herr Major Janiczek, Laibach	2.—
„ Major Karl Jent, Trient	2.—

	K
Herr Oberlehrer Janisch, Schönau	4.—
„ Oberlehrer Jahn	—.40
„ Maj. Otto Freih. v. Jordis, Olmütz	2.—
„ Major Josef Jirosek, Reichenberg	3.—
„ Hptm. Jille, Wr.-Neustadt	2.—
„ Oberst Wenzel Jelinek, Wien III.	2.—
„ Pfarrer Jerschit, Dollenhein	2.—
Josefklub, nied.-österr. Wien	2.—
Herr Anton Juber, Deutsch-Wagram	4.—
„ Major Janisch, Hohenwarth	2.—
„ Major Janto, Steyr	4.—
Erz. FML. Jakobs, Lemberg	4.—
„ Pfarrer Ferd. Just, Wien XX.	4.20
„ Offizial Just, Wien	2.—
„ Direktor Just, Neunkirchen	4.—
„ Friedrich v. Jihe, Lemberg	7.—
„ Major Jordan, Mostar	4.—
„ Major Jordan, Budapest	2.—
„ Ferdinand Jordan, Mistelbach	2.—
„ Hochw. P. Leander Jordan, St. Altenburg	2.—
„ Direktor Kahl, Feldkirch	13.40
„ Major Kalliboda	2.—
„ Sektionschef Ritt. v. Kaschmitz v. Weißberg, Wien	4.—
„ Oberst Kanik, Wien	2.—
„ Pfarrer Kaltenegger, Orth a. d. Donau	3.60
Kanzleidirektion des V. Korps-Kommando	11.—
Herr Kooperator Kamerer, Tulln	4.—
„ Hofrat Ritt. v. Kamler, Wien V.	5.—
Kanzleidirektion des k. u. k. Korpskdo. in Graz	2.—
Frl. Kallina, Wien	10.—
Gemeinde Kaltsburg	16.80
Kapuzinerkloster, Bruneck, Tirol	2.—
Herr Oberst Kautzner, Jaroslau	2.—
„ Forstm. Albin Kasper, Hall, Tirol	2.—
Kath. Pensionat, Volksschule, Wien III.	2.—
Herr Landesrat L. Kaffer, Wien I.	—.40
„ Pfarrer Kaffer, Groß-Mugl	—.60
„ Michael Kaiser, Auerstal	9.—
„ Oberstlt. Karnolt, Kaschau	1.60
„ Major Kastner, Sarajevo	1.60
„ Karl Kaufmann, Angern	1.60
Kaiserjäger-Reg. Nr. 3	2.—
„ 2	1.60
Herr Dechant Karpf, Simmering	2.—
„ Forstm. Kasper, Hall, Tirol	5.—
„ Oberstlt. Kautzner, Jaroslau	2.—
„ Oberstlt. Kamik, Eger	3.—
„ GM. Kaiser, Przemysl	8.60
„ Prof. Kainz, Baden	2.—
„ Oberst Kaiser, Wien	2.—
Karmeliter-Konvent, Lienz	2.—
Herr Freiherr v. Kallina, Wien	2.—
„ Jos. Kamptner, Deutsch-Wagram	2.—
„ Dir. Kappert, Wien III.	—.50
„ Oberst Franz Kanik, Wien III.	2.—
„ Hptm. Kalik, Krakau	4.—
„ Pfarrer Thomas Kamerith	22.40
„ Oberförster Karl, Klosterneuburg	4.—
„ Johann Georg Kastner, Glingendorf	10.—
Kadettenschule Königsfeld	2.—
Kavallerie-Kadettenschule Mähr.-Weißkirchen	4.—

	K
Herr Oberst Kahler, Nyiregyháza	4.—
„ Major Kahler, Prag	2.—
„ Oberst Kahles, Budapest	4.—
„ Kerbler, Tulln	2.—
„ Dr. Artur Kerschbaumer, Stadt=pfarrer, Krems	5.—
„ GM. Julius Keltscher, Zara	6.—
„ Major Kemposch, Belovar	2.—
„ Oberstlt. v. Kettner, Peterwardein	2.—
„ Ketterl, Wien	2.—
„ Hptm. Franz Kestler, Traiskirchen	2.—
„ Major Kety, Josefstadt	2.—
„ Oberstlt. Richard Kety, Pilsen	2.—
„ Major Ernst Kindel, Pilsen	2.—
„ Dir. Kindler, Laa a. d. Th.	2.—
„ Karl Kirchhof, Reichenberg	2.—
„ Georg Killich, Deutsch=Wagram	2.—
Frau Marie Kittner, Ober=Vorsteherin, Hirtenberg	2.—
Herr Hptm. Kietswetter, Hamburg	2.—
„ Julius Ritt. v. Kint, Wien I.	2.—
„ Major Kipfel, Budapest	2.—
„ Oberstlt. v. Kihs, Stryja	2.—
„ Linienschiffskapitän Ritt. v. Kirch=mayer, Wien	2.—
„ Ober=Intend. Kichler, Wien	2.—
„ Josef Kilhof, Wien	2.—
„ Lehrer Kiener, Wr.=Neustadt	2.—
„ Oberst Kirchner, Koloszowar	3.—
„ Dir. Kindler, Laa a. d. Thaya	2.40
„ Heinrich Kirsch, Wien	2.—
„ Major Julius Kißling, Sopron	2.—
„ Oberst Karl Kißling, Budapest	2.—
„ Oberst Kißling, Sarajevo	2.—
„ Karl Kißling, Deutsch=Wagram	3.—
„ Dr. Norb. Kienzl, Deutsch=Wagram	23.80
„ Anton Kienzl, St. Pölten	2.—
„ Kienzl & Söhne, St. Pölten	2.—
„ GM. Baron Kirchbach, Klagenfurt	2.—
„ GM. Freih. v. Kirchbach, Wien	4.—
„ Graf Rudolf Ferd. Kinsky, Lim a. d. Elbe	5.—
„ Graf Kinsky, Basendorf	2.—
„ R. Graf Kinsky, Rosenhof, Ob.=Österr.	10.—
Durchl. Fürst Kinsky, Wien I.	2.—
Herr Klepsch v. Roden, Meran	4.—
„ Hptm. Kliemann, Wien	1.60
„ Franz Klumpen, Weidling	2.—
„ Lehrer Klimer, Haidl	2.—
„ Major Kleiner, Peterwardein	2.—
„ Oberstlt. Klebel, Nagyszambad	2.—
„ Klosorsky, Grodek	2.—
Frau Rosalia Kleinschuster, Deutsch=Wagram	4.—
Herr Major Aug. Kleinschrot, Wien IX.	2.—
„ Oberst Kletter, Rovereto	2.—
Exzl. FML. Bruno Klettler, Brüzen	2.—
„ T. v. Klausnitzer, Oberleutendorf	2.—
„ G.d.R. Wilh. Klopucar, Budapest	2.—
Herr Oberstlt. Paul Klob, Wien	5.60
„ Oberstlt. Klenk, Czernowitz	2.80
„ Dr. Kluger, Stammersdorf	2.—
„ Pf. Dr. Josef Kluger, Reinprechts=pöla	4.—

	K
Knabenschule Wien II/1	2.—
Knaben=Volksschule, Wien XXI.	2.—
Herr Emil Knie, Ober=Grund	1.50
„ Hptm. Adalbert Knötger, Prag	2.—
„ GM. Knopp v. Kirchwald, Przemysl	6.—
Exzl. Vize=Adm. L. v. Kneisle, Wien	4.—
Herr Major Knest, Wien	2.—
„ Dr. Julius Knoj, Prag	2.—
„ Major Knapp, Kolomeer	2.—
„ GM. v. Knepp, Lemberg	2.—
„ Major Knappe, Troppau	4.—
„ Karl Kneisl, Budweis	4.—
„ Kohlbauer Jak., D.=Wagram	2.—
K. k. Korps=Kom. Budapest	2.—
„ 2. Korps=Kom. Wien	200.—
„ Korps=Art.=Reg. Nr. 6	2.—
Herr GM. v. Korder, Agram	2.—
„ Oberst Kosak, Sarajevo	2.—
„ Oberst Stefan Kolarowic, Graz	2.—
Exzl. FML. v. Kevehs, Bozen	2.—
Herr Dech. Clemens Kopsch, Laasdorf	2.—
„ Wenzel Kollras, Greifenstein	2.—
„ Konrath Stefan, Wien	1.—
„ Imp. Korschan, Wien I.	2.—
„ Oberst Kotrasch, Wien XII.	—.40
„ Emerich Kowalek, Wien XVIII/1	1.—
„ Oblt. Ludw. Konner, Hohenmauth	2.—
„ Prof. Konrad Kraus, Wien III/2	2.—
„ Major Ritt. Korop v. Mühlstein Traiskirchen	2.—
„ Oberst Koschak, Graz	2.—
„ Major Jul. Koblista, Graz	2.—
Hochw. Herrn Domh. Franz Kornheisel, Wien	2.—
Herr Major Otto Koschatzky, Triest	2.—
„ Major v. Koszlista, Teschen	2.—
„ Oberl. A. Koller, Wien XV	—.50
„ Heinrich Kolowratek, Stockerau	2.—
„ Karl Komers, Wien XIII/2	4.—
„ Dir. Kopecky, Wien XV.	—.40
„ D. Konrad, Wien I.	—.40
Herr Wilhelm Baron Königswarter	5.—
„ Baron Königswarter, Olmütz	10.—
„ Major Karl Kozamely, Zlacow	2.—
„ Major Koblicek, Komorn	2.—
„ Major Kowartsch, Debreczin	2.—
„ Major v. Kocista, Esseg	2.—
„ Oberl. Kosch, Lasse	1.50
„ Wilhelm Köller, Odrau	1.60
„ Hptm. Kollner, Wien	1.60
„ Franz Koch, Klosterneuburg	2.—
„ Oberst Kouhut, Linz	2.—
„ Major Koschatzky	2.—
„ Ob.=Intend. Kouesny, Krakau	2.—
„ Christian Kovar, Mähr.=Ostrau	2.—
„ Major=And. Dr. Koller, Krakau	2.—
„ Oberst Koczabret, Pisek	2.—
„ FZM. Koller Josefstadt	4.—
„ Oberst Kokutowie, Brünn	4.—
„ Ing. Kotzmann, Wien	2.—
„ Franz Koller, Wien III/2	4.—
„ Franz Kobinger, Wien	4.—
„ Generalstabsarzt Dr. Kopriva	4.—
„ Major Kopriva, Korneuburg	4.—
Königl. Sächsisches Kriegsministerium Dresden	117.53

	K
Herr Forstm. Kreitschy, H. Baugarten	10.—
„ GM. Krismaniz, Temesvar . .	7.—
K. k. Kriegsarchiv, Wien	32.—
Erz. FML. Ritter v. Kropatin, Wien	14.—
„ Oberst Ritter von Krautwald, Karlstadt	3.—
„ Franz Krammer, Wien XXI., Leopoldau	3.—
Herr Dr. v. Kraft-Ebing, Gieshübel	4.—
„ Oberstauditor Josef Kraus, Wien	4.—
„ Oberst Kraus v. Elislago, Wien	4.—
„ Oberstauditor Kraus, Wien .	2.—
„ Insp. Alois Kraus, Schönbrunn	1.60
„ Oberstlt. Kraus, Kolomea . .	4.—
„ Oberstlt. Alfred Kraus, Wien .	3.—
„ Bahnmeister Kraus, Angern .	2.—
„ Oberst Krill, Brünn	2.—
„ Hauptmann Krubitschek, Znaim	2.—
„ Inspektor Kraus, Schönbrunn .	2.—
„ Ob.-Rechn.-Rat Ernst Krippel .	4.—
„ Oberst Rudolf Krausler, Rzecow	2.—
„ GM. Karl Krittel, Königgrätz .	2.—
„ Johann Krammer, Deutsch-Wa-gram	2.—
„ Franz Krammet, Leopoldau .	4.—
„ Major Kralicet, Premisl . . .	3.—
„ F. Krautmann, Wien	—.80
„ Franz Kriske, Obrau	2.—
„ Post-Insp. Kronewitter, Inns-bruck	2.—
„ Oberstlt. Rud. Kriner, Restercze	3.—
„ Deutsch. Österr. Kriegerverein Dux	5.—
„ Oberst Kralicet, Premisl . . .	2.—
„ Gen.-Stabsarzt Dr. Kratichner, Wien IX	2.—
„ Oberst Krepper, Wien IX/3 .	2.—
„ Obstlt. Kriz, Lemberg	2.—
„ Alfons Kryzir-Gersch, Panstal	6.—
„ FZM. Ritter v. Kropacel, Wien	20.—
„ Major Kriner, Restercze . . .	10.—
„ Major Kriz, Belovar	1.60
„ GM. Kratky, Lemberg . . .	4.—
„ Major Krič, Zurawica	2.—
„ GM. Krittel, Königgrätz . . .	2.—
„ Dr. Josef Kraft, Innsbruck . .	2.—
„ Major Krall, Jičin	2.—
„ Hauptmann Kralicet, Znaim .	1.60
„ Indent. Krend, Wien	1.60
„ GM. Krajačitsch, Esseg . . .	2.—
„ GM. Krimanet, Samoziez . .	2.—
„ Oberst Kralicet, Wien	10.—
„ Oberst Kreissler, Rzezow . . .	2.—
Kriegerverein in Ober-Einsiedel .	2.—
Herr Julius v. Kwizda, Kornenburg .	7.—
„ Major Kuhaska. Zloczow . .	2.—
„ Oberst Kutisch, Temesvar . .	10.—
„ Hofrat Dr. Kubasa, Wien II .	10.—
„ GM. Kuzmanet, Wien II . .	2.—
„ GM. Kukinka, Olmütz . . .	14.—
„ Oberst Kuttel, Wien	1".—
„ Ober-Stabsarzt Dr. Kury, Prag	4.—
„ Prof. Josef Kunert, Wien . .	4.—
„ Pfarrer Kummer, Haugsdorf .	2.—
„ Pfarrer Kurz, Wien	2.—
„ Major v. Kurzrock, Tarnopol .	3.‹0
„ Major Kütreiber, Caslan . . .	2.—

	K
Herr Georg Kimmerer, Eger	2.—
„ Major v. Kurzweck, Tarnopol .	3.—
„ Dechant Kühschelm, Guntramsdorf	12.—
„ August Küchlbacher, Unter-Dürn-dorf	2.—
„ Oberst Kuttel, Sarajevo . . .	3.60
„ „ Emanuel Kutic, Wien I	2.—
„ „ Alex. Kuchinka, Wien I	2.—
„ „ Kuzniarsky, Rzeszow . .	2.—
„ Josef Kubler, Deutsch-Wagram	2.—
„ Paul Kuncar, Deutsch-Wagram .	2.—
„ Major Ant. Kühtreiber, Caslau	2.—
„ Georg Kimmer, Eger	2.—
„ Oberst Alex. Kunz, Josefstadt .	2.—
„ Anton Kunisch, Deutsch-Wagram	2.—
„ Oberst Adolf Kutznigg . . .	2.—
„ Steuerverwalter Kuselbauer . .	2.—
„ Ob. J. V. Alois Kutel, Sarajevo	2.—
„ GM. Karl Kuk, Peterwardein .	2.—
„ GM. Karl Kut, Agram . . .	12.—
„ Oberstlt. Kynel, Sebenico . . .	1.60
„ Hauptmann Lubl, Wöllersdorf .	1.60
„ Prof. Ludwig, St. Klosterneu-burg	1.60
„ Major Karl v. Lustig	2.—
„ Dr. v. Lukas, Mistelbach . .	3.60
„ Dr. Ritt. v. Loebenstein, Graz	2.—
„ Major Loderer, Brünn	2.—
„ Oberlehrer Losert, Haringsee .	1.60
„ Josef Löschnigg, Korneuburg .	2.—
„ Oberst Löbl, Wien	6.—
„ FML. v. Lang	2.—
„ Freiherr v. Löffelholz, München	10.—
„ Major Eugen Lusardo, Essegg .	2.—
„ Graf Lamezan-Salies, Bud-weis	2.—
„ Sektionsrat Dr. Lampel, Wien	20.—
„ Oberlehrer Löschleitner, Wien	2.80
„ Major Lebar, Przemisl . . .	2.—
„ Johann Leuthner, Pilutchsdorf .	2.—
„ Oberst Freiherr v. Laviie, Czer-nowitz	2.—
„ Oberst Anton Ludwig, Iglau .	2.—
„ Major Lukanovic, Laibach . .	2.—
„ Oberst Anton Liposcat, Sarajevo	4.—
„ Oberst Lynbanovic, Otocar . .	2.—
„ GM. Lobingen, Sarajevo . . .	2.—
„ Lockwood, Chemniz, Sachsen .	4.—
„ Josef Ladinger, Wr.-Neustadt .	2.—
Nied.-österr. Landesausschuß, Wien .	200.—
Mähr. Landesausschuß, Brünn . .	200.—
Ob.-österr. Landesausschuß, Linz .	200.—
Schles. Landesausschuß, Troppau .	100.—
Salzb. Landesausschuß, Salzburg .	100.—
Herr Notar Freih. Lappena, Wolfers-dorf	12.—
„ GM. Leeb, Josefstadt	5.—
„ Oberst Ler, Temesvar	2.—
„ Josef Lentner, Wr.-Neustadt .	1.60
„ Oberstlt. v. Leippord, Kremsier	2.—
„ Oberstlt. v. Lehmann, Zlocow .	2.—
„ Oberstlt. v. Lehmann, Prag . .	2.—
„ GM. Lederle, Czernowitz . . .	2.—
Frau Hofrätin v. Leitner, Wr.-Neustadt	2.—
Herr Major Lessar, Hohenmauth .	2.—
„ Pfarrer Leer, Gars	2.—
„ Oberstlt. Lehrer, Laibach . . .	2.—

	K
Herr Pfarrer Willibald Leeb, Hofstetten	4.—
„ GM. Karl Leeb, Trebinje . . .	10.—
„ Ferdinand Leeb	4.—
„ Oberst Ledl, Budapest	2.—
„ Alfred Ledl, Deutsch=Wagram .	20.—
„ Emil Ledl, Deutsch=Wagram . .	2.—
„ Graf Lanckoransky, Wien . .	7.—
„ Oberstlt. Langer, Przemysl . .	2.—
„ Oberstlt. Laub, Teplitz=Schönau	2.—
„ Oberstlt. Lausinger, Laibach .	2.—
„ FML. Baron Leithner, Lemberg	2.—
„ Dr. Eugen Leibitz, Innsbruck .	3.60
„ Oberstlt. Lebar, Przemysl . .	2.—
„ Pfarrer Leinwirther, Altlengbach	2.—
Leseverein Mistelbach	2.—
Herr Ledermüller, Weißenkirchen . .	2.—
„ Major Laifer, Sarajevo . . .	2.—
„ Major Langendorf, Marosvasar=	
hely	2.—
„ Oberstlt. Langer, Pozsony . .	2.—
„ Major Laube, Mostar	2.—
„ Hermann Langberg, Czernowitz	2.—
„ Oberstlt. Laconer, Krakau . .	1.50
„ Lehner Leopold, Deutsch=Wagram	2.—
„ Major Lukanovic, Laibach . .	2.—
„ August Lechner, Deutsch=Wagram	15.—
„ Franz Lechner, St. Pölten . .	2.—
„ Regierungsrat List, Mödling . .	2.—
„ Pfarrer Lindner, Fels	2.—
„ Josef Lican, Görz	3.—
„ Pfarrer Lipp, Groß=Schönau .	2.—
„ Oberst Lischka, Kolomar . . .	2.—
„ Johann Linhart, Wien	2.—
„ Johann Liposcak, Agram . . .	1.60
„ Oberstlt. Lieb, Maramoros=Szyget	2.—
„ Major Lipa, Locse	1.60
„ GM. Lyubicie, Prag	2.—
„ FML. Lobinger, Sarajevo . . .	2.—
„ Major v. Loos, Klagenfurt . .	2.—
„ Oberst Lehmann, Prag	2.—
„ Pfarrer Lukaseder, Alt=Lerchen=	
feld	4.—
„ Michael Lambauer, Deutsch=	
Wagram	4.—
„ Johann Lambauer, Deutsch=	
Wagram	2.—
„ Graf Lanthieri, Wippach . . .	8.—
„ Freih. v. Ludwigsdorf, Gunters=	
dorf	10.—
„ Anton Freih. v. Ludwigstorf,	
Deutsch=Altenburg	3.—
Leichen= und Kranken=Unterstützungs=	
Verein, Deutsch=Wagram . . .	102.—
Herr Major Lamberg, Mostar . . .	2.—
„ Graf Lamberg, Anger	2.—
„ Pfarrer Luze, Probsdorf . . .	9.—
„ Regierungsrat Lumbe, Wien . .	2.—
„ Ferd. Zdenko Lobkowitz, Eisen=	
berg	10.—
„ Major Fürst Lobkowitz, Alt=	
bunzlau	2.—
„ FZM. Fürst Lobkowitz, Budapest	10.—
Durchl. Johann Fürst von und zu	
Liechtenstein, Wien	230.—
„ Prinz Karl v. Liechtenstein,	
Mistelbach	4.—
„ Rud. Fürst Liechtenstein, Wien	40.—

	K
Durchl. Alfred Prinz v. Liechtenstein,	
Deutschlandsberg	20.—
„ Obstlt. Ludwig, Iglau	2.—
Landes=Oberrealschule, Waidhofen a. d.	
Ybbs	2.—
Landes=Real= und Ober=Gymnasium	
Stockerau	4.40
Landes=Real=Gymnasium Waidhofen a.	
d. Thaya	2.80
Landes=Real= und Obergymnasium	
Mödling	2.—
Nied.=österr. Landeslehrer=Seminar	
Wr.=Neustadt	6.—
Landes=Real= u. Obergymnasium Horn	2.—
„ „ „ Kloster=	
neuburg	4.80
Landes=Oberrealschule Krems	2.80
Landes=Real= u. Obergymnasium Baden	8.—
Landes=Real= u. Obergymnasium Horn	2.40
„ „ „ St. Pölten	4.80
Lehrer=Seminar, Strebersdorf . . .	4.—
Lehrerbildungsanstalt Oberhollabrunn	2.—
K. k. Landesverteidigungs=Ministerium	
Wien	100.—
Landes=Gend.=Komm. Brünn	2.—
„ „ Graz	2.—
„ „ Lemberg . .	5.—
Landw.=Inf.=Reg. Nr. 8, Prag . . .	2.—
„ „ „ 16	2.—
„ „ „ 24	20.—
„ „ „ 30	2.—
„ „ „ 25	2.—
„ „ „ Wien XIII.	2.—
„ „ „ 26 Marburg . .	2.—
„ „ „ 25 Kremsier . .	2.—
„ „ „ 2 Wien . . .	10.—
Landwehr=Inf.=Reg. Baon ½ . . .	12.—
„ „ „ Nr. 1 . . .	40.—
„ „ „ „ 29 . . .	2.—
„ „ „ „ 5 . . .	2.—
„ „ „ „ 10 . . .	1.60
Landwehr=Stabsoffizierskurs Wien . .	20.—
Herr GM. Emil List	2.—
„ Oberst Franz Ledl, Budapest . .	2.—
„ Major Ludwig Laifer, Sarajevo .	2.—
„ Oberstlt. J. Lieb, Marmarosziget	4.—
„ „ Johann Lenz, Temesvar	2.—
„ „ Thomas Lyubanavic,	
Fiume	5.—
„ Oberstlt. Anton Libosea, Sara=	
jevo	2.—
Exzell. FML. Karl Leeb, Leitmeritz .	2.—
Herr Franz Laubek, Wien VI/₂ . .	2.—
„ Franz v. Leippert, Wiener=Neu=	
stadt	2.—
„ Generalstabsarzt Dr. E. Leibnitz,	
Innsbruck	2.—
„ Oberst Baron Leonhardi, Sto=	
ckerau	2.—
„ Major Franz Lafer, Liebenau	
bei Graz	2.—
Frau Hofrätin Katharina v. Leitner	
Wiener=Neustadt	2.—
Herr Major Anton Lesic, Miskolz . .	2.—
„ Hermann Langberg, Czernowitz .	2.—
„ Theodor Langner, Wien II . .	—.40
„ E. Lauschmann, Wien	2.—

	K
Herr Regierungsrat Franz Lumbe, Mödling	2.—
„ Oberst Emil Lischka, Kolomea	2.—
„ Major Lukanowic, Laibach	2.—
„ Albert Lockwood, Chemnitz, Sachsen	2.—
„ Pfarrer Leinwarther, Alt=Lengbach	2.—
„ Direktor Franz List, Wien I.	3.—
„ Hochw. H. P. R. Lochner, Pfaffstetten	2.—
„ Oberst Johann Lobl, Wien I.	2.—
„ Dechant D. Franz Lur, Gars	2.—
„ Oberst Golwin v. Lilienhoff, Znaim, Odelst.	2.—
„ Oberst Anton Lauda, Wien II.	2.—
„ „ Karl Lukas, Prag	2.—
„ „ Langer, Premißl	2.—
„ Frz. Langeder, Deutsch=Wagram	2.—
„ Franz Laubet, Wien	—.40
„ Dr. Viktor Ludwig St.	1.—
„ Direktor Hans Sauer, Wien XVIII.	2.—
„ Oberstlt. Josef Lur, Salzburg	2.—
„ „ Lehmann, Prag	4.—
„ Major Sarer, Cattaro	2.—
„ Hauptm. Emil Ludwig, Wien III.	2.—
„ Dr. Vikt. Ludwig, St. Andager	2.—
„ Major Karl Lutsch, Jungbunzlau	2.—
„ Regimentsarzt Louis Lizl, Mödling	3.—
Erzell. FML. Freiherr v. Leithmer, Wien IX.	2.—
Herr Oblt. Rud. Laube, Wr.=Neustadt	2.—
„ Dr. Friedrich Ladek, Wien XV.	2.—
„ Oberst Robert Langer, Wien	2.—
„ „ Georg Lehmann, Zlacow	2.—
„ Prof. Dr. Landwehr v. Pragenau, Wien II.	2.—
Erzell. FML. Karl v. Lang, Laibach	2.—
Herr GM. Ritter von M.	5.—
„ Obstand. Jul. Macher, Budapest	2.—
„ Oberst Maciaga, Mostar	2.—
Hochw. Herr Pfarrer Mackir, Rohrau	1.60
Mädchen=Bürgerschule Wien II.	2.80
Mädchenschule Wien I.	3.60
„ „ III.	5.30
Mädchenvolksschule Wien V.	2.—
Herr Stt. v. Magnar, Josefstadt	3.60
„ Jak. Mahkovec, Deutsch=Wagram	5.—
„ Oberintendant Wilh. Maßiczek, Leitmeritz	2.—
„ Major Albert Mair, Triest	2.—
„ Dr. Jos. Majorkovitz, Innsbruck	2.—
„ Oberstlt. Majortovics, Petrinja	2.—
Frau Louise Mall, Vöslau	10.—
Herr Oberst Edl. v. Malzer, Bruneck	4.—
„ „ Friedr. Mandel, Grabosa	2.—
„ Hptm. Mandl, Bluman	2.—
„ Franz Mandl, Trojendorf	—.40
„ Dir. Joh. Mandl, Wien XVI.	—.40
„ Major Josef Mandl, Graz	2.—
„ Gregor Mang, Glinzendorf	3.60
„ Martin Mang, Glinzendorf	7.—
„ Oberstlt. Manifico, Cattaro	2.—
Männergesangverein Alt=Kettenhof	7.—
„ Leobersdorf	10.—
„ Schwechat	10.—

	K
Herr Rittm. Baron Mannsberg, Wien	5.—
„ Maj. Manojlovic, Fehertemplon	1.60
„ Oberstlt. Heinrich Mar, Krakau	2.—
„ Major Maras, Agram	2.—
„ August Marchesani, Schlanders	2.—
„ LGR. Jos. Marbeck, Ebreichsdorf	2.—
„ Ing. Maret, Mödling	2.—
„ Oberst August Maret, Leitmeritz	2.—
„ Bezirksschulinsp. Josef Maret, Mödling	2.—
„ Hptm. Wenzel Maresch, Fischau	2.—
Marine-Kriegert. Tegetthoff, Wien XXI.	4.80
Herr Oberst Josef Maret, Munkacs	4.—
„ Major Martus, Kremsier	2.—
Se. Erzl. Herr FML. Ant. Marsch, Graz	4.—
Herr Ober=Offizial Märten, Bergreichenstein	4.40
„ Oberlt. Martinet, Wien	1.60
„ Oberst Maros, Jaroslau	2.—
„ Oberl. Marzani, St. Andrä	4.—
„ Oberstlt. Masál, Budapest	2.—
„ Artl.=Ing. Maschke, Wien	1.60
„ Oberstlt. Maschke, Zolkiew	4.—
„ Johann Maschke, Wien	2.—
„ Hptm. Freih. v. Maschner, Laibach	2.—
„ Ober=Int. Massiczek, Josefstadt	2.—
Frau Albine Matejka, Krumau	2.—
Herr Oberst Matic v. Dravodol, Temesvar	2.—
„ Ritter v. Matiegka, Wien	4.—
Se. Erzl. FZM. v. Matt, Wien	9.—
Herr Oberst Mattonovic, Przemysl	2.—
„ Josef Mattnusch, Hausmenning	2.—
„ GM. Matuschka, Fiume	2.—
„ GM. Ludw. Matuschka, Smichow	2.—
„ Oberstlt. K. Maulik, Budweis	2.—
„ Major Josef May, Theresienstadt	2.—
„ D. S. Mayer v. Rosenau, Abgersdorf	4.—
Hochw. Herr Pfarrer Mayer, Lengenfeld	1.60
Herr Oberst v. Mayer, Wien	2.—
„ Dr. Anton Mayer, Wien	2.—
„ Prof. J. Mayer, Wien XVIII.	2.—
„ Dr. Josef Mayer, Wr.=Neustadt	5.60
„ Julius Mayer, Reichenau	1.60
Se. Erzl. Bischöfl. Gnaden Dr. Laurenz Mayer, Wien	12.—
Herr Abg. Prof. Dr. M. Mayer, Innsbruck	2.—
Hochw. Herr Pfarrer Mayer, Langenfeld bei Krems	2.—
Frau Marie Mayer, Deutsch=Wagram	20.—
Herr Matth. Mayer, Deutsch=Wagram	1.60
„ Mich. Mayer, Glinzendorf	20.—
„ Oberst Richard Mayer, Fogaras	2.—
Hochw. Herr Pfarrer Mayerhofer, Drösing	2.—
Herr Oberstlt. v. Mayerhofer, Marburg	2.—
„ Oberl. Franz Mayerhofer, Wien VIII.	2.80
„ Anton Mayr, Admont	4.—
„ August Mayrbäurl, Altenberg	4.—
„ Julius Mayrbäurl, Limberg	2.—
„ Seb. Mayrhofer, St. Andrä a. d. Traisen	2.—
„ Obst. Konr. v. Mederer, Wien III.	2.—

K

Herr Oberstlt. v. Medina, Prag . . 2.—
„ Komm.-Rat Ed. Medinger, Wien 5.—
kaif. Rat. Emil Medinger, Wien 10.—
A. Meinl's Erben, Bärringen . . . 2.—
A. Meinl's Erben, Wien . . . . . 2.—
Herr Adalbert Meinl, Bärringen . . 2.—
„ Dr. Friedr. Meister, Gänferndorf 2.—
„ Major Karl Melot de Beaure-
gard, Eger . . . . 3.—
„ Benjamin Menardi, Mals . . . 4.—
„ Johann Menda, Wien . . . 1.60
„ Hofrat Mensburger, Innsbruck 2.—
„ Major Menschit, Wien . . . 2.—
Se. Exzl. Graf v. Meran, Graz . . 2.—
Herr Oberst Merbeller, Karlsburg . 10.—
„ Oberst Wilhelm Merbeller, M.-
Weißkirchen . . . 2.—
Se. Exzl. FZM. Freih. v. Mertl, Wien 6.—
Herr Oberst Merliček, Sarajevo . . 4.—
„ Major Merte, Levico . . . . 4.—
„ C. Merz, Prater-Insp., Wien . 2.—
„ Oberstlt. Mervos, Jaroslau . . 2.—
„ Major Franz Merz, Eger . . 2.—
Frau Betti Metzger, Netz . . . . 4.—
Herr Oberstlt. Mičan, Graz . . . 2.—
„ Oberstlt. Michalski, Olmütz . 2.—
„ Major Michel, Linz . . . . 2.—
„ J. v. Microys, Wien I. . . . 1.—
„ Major Mienzil, M.-Schönberg 4.—
„ Major v. Mihanovic, Györ . 2.—
„ Johann Mitsch, Schwechat . 8.—
„ Oberstlt. Milavec, Laibach . 5.—
„ Oberstlt. Milavec, Lubaczow . 3.—
„ Mildner, Marburg . . . . 2.—
Militär-Bauabteilung Hermannstadt . 6.—
„ Kaschau . . . . 9.—
„ Lemberg . . . 2.—
Militär-Bettenmagazin Wien 1.60
Militär-Kanzlei Wien-Hofburg . . . 3.—
Militär-Unter-Realschule Fischau . 2.—
„ Kismarton . 10.30
„ St. Pölten . 2.—
„ Straß . . . 5.—
Militär-Verpflegmagazin Wien . . . 10.—
Militärwissenschaftl. Verein Prag . 6.80
„ Wien . 2.—
Herr August Ritter v. Miller zu Aich-
holz, Wien . . . 4.—
„ Dr. Heinrich Miller zu Aichholz,
Wien . . . 14.—
„ Obst. Millinojevich, Elbekosteletz 2.—
Hochw. Herr Pfarrer Minař, Diet-
mannsdorf . . . 4.—
Herr Oberst Pet. Minivojevich, Krakau 2.—
Hohes k. k. Ministerium für Kultus u.
Unterricht . . . 1000.—
Se. Exzl. FML. v. Microys, Miskolz 3.—
Herr Oberst Miscenic, Znaim . . 2.—
„ A. Misonovici, Gutenstein . . —.40
„ Mitscha v. Märheim, Wien . 2.—
„ Major Franz Mitteregger, Krakau 2.—
„ Lor. Mittermayer, D.-Wagram 3.—
„ Albrecht Mock, Deutsch-Wagram 2.—
„ Johann Mock, Deutsch-Wagram . 12.—
Hochw. Herr Pfarrer Modest, Wien . 2.—
Herr Oberstlt. Modritzky, Crkvice . 1.60
„ GM. Paul Mohora, Lemberg . 2.—

K

Hochw. Herr Pfarrer Mohr, Geras . 2.—
„ „ Konsistor.-Rat Berthold
Mohr, Geras . . . 2.—
„ Herr Pfr. Ant. Moll, Ollersdorf 3.—
Herr GM. K. v. Mollinary, Budapest 2.—
„ Adolf Molnar, Scheibbs . . . 1.60
„ Josef Mölzer, Gänferndorf . . 4.—
„ Ministerialrat Grf. Montecuccoli 8.—
Se. Durchl. Fürst Alfr. v. Montenuovo,
Wien . . . 37.—
Montur-Depot Budapest . . . 4.—
Herr Oberst Morawek, Prag . . . . 2.—
„ Major Morgenstern, Sarajevo 1.60
Se. Erz. FZM. v. Mörk, Kaschau . 7.—
Herr Major Morrigl, St. Pölten . 2.50
„ „ Edl. v. Mosing, Wien . 2.—
„ Dr. Franz Möstl Mank . . . . 2.—
„ Oberst Mrazek, Leitmeritz . . 2.—
Hochw. Herr Pfarrer Muckenschnabl,
Wr.-Neustadt . . . 1.—
Herr Obst. Gottl. Mucurlia, Lemberg 2.—
Hochw. Herr Koop. Franz Mudra,
Wien XIII. . . . 2.—
Herr Dr. Mudrik, Salzburg . . . 2.—
„ Major Müller, Laibach . . . 2.—
Hochw. Herr Pfarrer Müller, Wien-
Penzing . . . 3.50
Herr Major Müller, Pilsen . . . 2.—
„ Oberst Müller von Sturmthal,
Ungvar . . . 2.—
„ Hauptmann Müller v. Wandau,
Wr.-Neustadt . . . 1.60
„ Oberstlt. C. Müller, Karlsbad . 2.—
„ Gustav Müller, Wien . . . 2.—
„ Dir. Gustav Müller, Wien I. . 2.—
„ Major Joh. Müller, Pozsony . 3.—
„ „ Jos. Müller, Königgrätz . 2.—
„ Obstlt. Jos. Müller, Theresienstadt 2.—
„ Dr. Josef Müller, Wien . . . 1.60
„ Major Müller, Eperjes . . . 2.—
„ Dr. Karl Müller, Wien I. . . 1.—
Frau Katharina Müller, D.-Wagram 4.—
Herr Michael Müller, D.-Wagram . 2.—
„ Major Richard Müller, Graz . 2.—
„ Obstlt. Michael Müllner, Jung-
bunzlau . . . 4.—
„ Ing. H. Münch, Wien . . . 2.—
„ Oberst Münzel, Neuhaus . . 3.—
„ kaif. Rat Joh. Murnik, Rad-
mannsdorf . . . 2.—
„ Dir. Hugo Muschka, Wien XVIII. 4.—
„ Oberstlt. Mutter, Linz . . . 2.—
„ Major Muzyka, Wadowice . . 2.—
„ Obstlt. Ludw. Muzyka, Wadowice 2.—
Se. Exzl. FML. von Nachodsky,
Stanislau . . . 10.—
Herr Dr. E. Nader, Wien XIII. . . 2.—
„ Statthaltereirat Josef Nagl,
Korneuburg . . . 2.—
„ Sektionsrat Baron Nagy, Wien I. 0·80
Se. bischöfl. Gnaden Dr. Napotnik,
Marburg . . . 12.—
Herr Oberlehrer Nebl. Wien XVI. . 6.70
„ Maj. Paul Nellhiebel, Stramberg 2.—
Se. Exz. FML. v. Nemethy, Marburg 8.—
Herr Oberst Netter, Premišl . . . 2.—
Hochw. Hr. Pfr. Neubauer, Bruck a. L. 3.60

	K		K
Herr Obstlt. Neubauer, Josefstadt . .	4.—	Offizierskorps des k. k. Feldj.-Bat. Nr. 29	5.—
„ Neubauer, Przemyśl . .	2.—	Offizierskorps des k. sächs. Landwehr-Bez. 17, Freiberg	11.17
„ Hans Neubauer, Budweis . . .	4.—	Offizierskorps des k. sächs. Landwehr-Bez. 17, Wurzen	5.86
Major Neubert, Jičic	4.—	Offizierswaiseninstitut Hirtenberg . . .	2.—
„ Direktor Neumann, Murau . .	2.—	Herr Heinrich Obirfandl, Wien VII. .	10.—
„ Major Jos. Neumann, Jaroslau	2.—	Se. Exz. Herr Sektionschef Okrugić, Wien	8.—
„ Karl Neumann, Wien V.	2.—	Herr Hptm. Hans Ondra, Traiskirchen	2.—
„ Dr. Robert Neumann, Wien I.	1.60	„ Bezirksrichter Cäsar Onestinghel, Sillian	2.—
„ Vizebürgermeister Dr. Josef Neumayer, Wien . . .	7.—	„ Dr. Oppitz, Wien XXI.	2.—
„ Oberlehrer Neuner, Stillfried .	1.60	Ortsschulrat Wien XIX.	2.80
Neusiedler-Aktiengesellschaft, Wien .	10.—	Österr. Volksschriften-Verein, Wien .	2.—
Hochw. Hr. Pf. Neuwirth, Stefanshart	3.60	Herr Major v. Otschirk, Nyiregyhara	2.—
rr Hptm. Ferd. Neuwirth, Wien I.	2.—	Se. Exz. G. d. K. Eduard Graf Paar, Wien	40.—
„ Major Newald, Krakau . .	2.—	Herr Jakob Pabeschitz, Gr.-Enzersdorf	1.60
Hochw. Hr. Koop. Neydl, Altmannsdorf	1.60	„ Oberst Baron Padenj, Brassó .	2.—
Herr Alex. Niedermayer, Probstdorf	2.—	„ Oberintend. Eman. Packpfeifer, Graz . . .	2.—
„ Jos. Frz. Niedermayer, Schreckbichl, Tirol	2.—	„ Obstlt. Baliczka, Radymno . .	5.—
„ Franz Niedermayer, Aberklaa	5.—	„ Baliczka, Przemyśl . .	2.—
„ Hptm. Ritter von Niesiolowski, Mödling . . .	2.—	„ Palik, Arad	3.10
„ kais. Rat Franz Nißl, Wien .	9.—	Se. Exz. Markgraf Pallavicini, Wien	20.—
„ Obstlt. Artur Nikout, Wien .	2.—	Herr Bar. Pammer, Stift Hohenfurth	2.—
„ Oberst Njegovan, Agram .	1.60	Hochw. Herr Abt Pammer, Stift Hohenfurth	2.—
Hochw. Hr. Pfarrer Noggler, Obersulz	2.80	Herr Oberst Otmar Panesch, Pola .	4.—
Herr Obstlt. Röhring, Rogatica . . .	4.—	„ Obstlt. Franz Pangel, Rzeszow .	2.—
Notariat Wolfersdorf . .	2.—	Hochw. Herr Abt Panschab, Stift Lilienfeld	2.—
Herr Gg. Rothacksberger, Wien VII.	1.—	Herr Obstlt. v. Panzl, Olmütz . .	2.—
„ Oberst Novak, Kötschach .	4.—	Se. Exz. FML. v. Pap, Wien . .	4.—
„ Novak, Lemberg .	4.—	Herr Oberstabsarzt Dr. Rob. Parthon, Innsbruck . .	2.—
„ Maj. Frz. Ritt. v. Novak, Laibach	2.—	„ Major Rudolf Partl, Przemyśl .	2.—
„ Maj. Ritter v. Nowak, Klagenfurt	2.—	„ Dr. Rudolf Paris, Melk . .	6.—
„ Oberstlt. Nowak, Szekesfehervar	1.60	Se. Exz. FZM. Parmann, Wien .	13.—
„ Major Novotny, Kolomea .	4.—	Herr Oberlehrer Parth, Weidling . .	1.60
„ Franz Nowotny, Aussig .	10.—	„ Dr. Karl Partisch, Wien . .	2.—
Se. Exz. FML. Nyiri v. Szeleły, Wien	2.—	„ Oberst Ritter v. Past, Rzeszow .	2.—
Herr Obstlt. Rud. v. Obauer, Visegrad	2.—	Hochw. Herr Pfarrer Patral, Wien .	2.—
„ Obauer-Bahnetfeld, Győr	1.60	Herr Obstlt. v. Pattay, Pola . .	2.—
Ober-Realschule Krems . .	2.—	Hochw. Herr Pfarrer Alois Patzak, Wien	2.—
K. k. Oberhofmarschallamt Wien I. .	2.—	Herr Hptm. Pauliny, Wien . . .	1.60
Herr k. k. Bezirksrichter Oberznig, Landeck . . .	2.—	„ Oberst Paur, Ungvar	4.—
Se. Exz. Hr. Sektionschef Odolga, Wien	3.60	„ Direktor Pawlas, Metz	6.—
Herr Oberlehrer Oehler, Wien VI. .	2.—	„ Rud. Pečinka, Deutsch-Wagram .	10.—
Offiziersbibliothek d. k. u. k. Inf.-Reg. Nr. 1	80	Hochw. Herr Pfarrer Ferd. Pečka, Deutsch-Wagram . .	42.—
„ „ „ „ 82	2.—	Herr Dr. A. v. Pecz, Weidling . .	2.—
„ „ „ „ 83	4.—	„ Dr. A. v. Pecz, Velden . . .	2.—
„ „ „ „ 100	1.60	„ Major Peitzker, Franzensbad .	2.—
„ „ „ „ 102	1.60	„ Hptm. v. Peja, Wr.-Neustadt .	3.60
„ des k. k. Landwehr-Inf.-Reg. Nr. 2	2.—	„ Hans Penka, Deutsch-Wagram .	8.20
Offiziersbibliothek des k. k. Landwehr-Inf.-Reg. Nr. 4	1.60	„ Ignaz Pennerstorfer, Wien I. .	2.—
Offiz.-Bibl. des k. k. Ldw.-Inf.-Reg. Nr. 7	1.60	Pensionat Sct. Antonius, Stetten .	5.60
„ des k. k. Ldw.-Inf.-Reg. Nr.11	1.60	Herr Dr. Pergler, Korneuburg . .	2.—
„ des k. k. Ldw.-Inf.-Reg. Nr.14	2.—	Se. Exz. FML. Perl, Josefstadt . .	8.—
„ des k. k. Feldjäger-Bat. Nr. 2	1.40	„ FZM. Perl, Wien	2.—
„ des k. k. Feldjäger-Bat. Nr.25	1.60	Herr Lieut. Persovic, Warasdin . .	1.60
„ des k. k. Korps-Art.-Reg. Nr.8	1.60	„ Major Edler v. Peschka, Prag .	5.—
„ des k. k. Div.-Art.-Reg. Nr. 9	1.60	„ Obstlt. Pessina, Temesvar . .	2.—
„ des k. k. Div.-Art.-Reg. Nr.32	1.60	„ Major Pesl, Ravsić . . .	2.—
„ des k. k. Fest.-Art.-Reg. Nr. 1	1.60	„ Karl Petenel, Bruck a. d. L. . . .	1.60
„ des k. k. Fest.-Art.-Reg. Nr. 4	1.60		
„ des k. k. Drag.-Reg. Nr. 13	1.60		
„ der k. k. Train-Divis. Nr. 7	2.—		

	K
Herr Jng. Karl Petritsch, Wien	2.—
Hochw. H. Pfar. Petschar, Albrechtsberg	2.—
Hochw. H. Pfarr. Petschner, Pottendorf	3.—
Herr Hofgärtner Anton Pettera, Orth bei Gmunden	5.—
„ J. Petters, Ulbersdorf-Eisenberg	6.—
„ Peyfuß, Maria-Enzersdorf	3.—
„ Pfaffinger, Wien	—.40
„ Johann Pfandl, Urfahr	2.—
Hochw. Pfarramt Alland i. Geb.	3.20
„ „ Bockfließ	2.—
„ „ Dornbach-Wien	4.—
„ „ Eichenbrunn	4.50
„ „ Fischamend	3.—
„ „ Fischau	—.50
„ „ Gars	1.—
„ „ Gföhl	—.50
„ „ Haag	1.60
„ „ Hainfeld	1.—
„ „ Haringsee	—.50
„ „ Heiligenkreuz	1.60
„ „ Jdolsburg	4.—
„ „ St. Jakob in Jglau	2.—
„ „ Kaltenleutgeben	1.60
„ „ Laa a. d. Thaya	1.60
„ „ St. Martin	2.—
„ „ Mödling	2.—
„ „ Nieder-Absdorf	2.—
„ „ Ober-Absdorf	2.—
„ „ Obernalb	2.—
„ „ Ollersdorf	2.—
„ „ Orth a. d. Donau	—.40
„ „ St. Otmar, Wien III.	2.—
„ „ Pottendorf	1.60
„ „ St. Peter in der Au	1.60
„ „ Stammersdorf	2.—
„ „ Theresienfeld	12.—
„ „ Weitra	1.—
„ „ Wien I. Postgasse	5.—
„ „ Wilfleinsdorf	4.—
„ „ Ulmerfeld	—.80
„ „ Unter-Stinkenbrunn	3.—
„ Prior Pfeifer, Schottenstift Wien	2.—
Herr Major Pfeifer, Wien	6.—
„ Obstlt. Franz Pfeifer, Znaim	3.—
Se. Exzl. FML. Pfeiffer, Przemysl	2.—
Herr Obstlt. Jul. Pfeiffer, Tetschen	2.—
„ GM. v. Püffer Smichov	7.—
„ Rudolf Pfeningberger, Wien	2.—
Hochw. Herr Dr. Josef Pfluger, Wien	8.—
„ Pfarrer Johann Pfluger, Wilfleinsdorf	1.60
Hochw. Herr Pfarrer Gotthard Pflügl, Obersulz	1.—
Herr Oberlehrer Plail, Wien XIX.	2.40
„ Oberst Plaß, Prag	1.60
„ Franz Platzer, Graz	2.—
„ Major Pleskott, Cavalese	2.—
Se. Exzl. FML. Pleutzner, Wien	2.—
Herr Stationsvst. Plonert, Kunowitz	4.—
„ Major Robert Pluhar, Teschen	2.—
Piaristen-Kollegium, Krems	2.—
Herr Major Piaschti, Dolnja-Tuzla	2.—
Hochw. Herr P. Gerard Piče, Siebenlinden	4.—
Hochw. Herr Pfarrer Pichler, Kalksburg	—.40

	K
Herr Hptm. Pichler, Mödling	2.—
„ Obstlt. Pichler, Troppau	2.—
„ Oberst Pichler,	2.—
U. Pichlers Witwe u. Sohn, Wien	3.84
Hochw. Herr Pfarrer Dr. Leop. Picigas, Ringelsdorf	—.40
Se. Exzl. FZM. v. Pino, Przemysl	5.—
Hochw. Herr Abt Friedr. Piffl, Klosterneuburg	2.—
Herr Major Pilar, Sanok	2.—
„ Oberst Pill, Jaroslau	2.—
„ Anton Pilz, Walterskirchen	1.60
„ Oberst v. Pinopitti	2.—
„ Jgnaz Pinska, Deutsch-Wagram	3.—
K. u. K. Pionier-Bataillon Nr. 3	10.—
„ „ „ „ 11	11.20
„ „ „ „ 12	2.—
„ „ „ „ 13	10.—
Pionier-Kadettenschule Hainburg	18.—
Herr Peter Freih. v. Pirquet	14.—
„ Bar. v. Pirquet jun. Hirschstetten	10.—
„ Major Pischely, Cilli	2.—
„ Obstlt. Pistacet, Wien	4.—
„ Major Pitas, St. Pölten	3.—
„ Oberst Pitlik, Krakau	4.—
„ Pietsch, Weikendorf-Gänserndorf	32.—
„ Major Piwetz, Fehertemplon	4.—
„ Obstlt. Pizzighelli, Wien	5.—
Hochw. Herr Abt Dr. Pöck, Heiligenkreuz	10.—
Herr Major Podhajsky, Lemberg	2.—
Hochw. Herr Pfarrer, Podradsky, Heiligenstadt	2.—
Herr Major Pohl, Koloszvar	2.—
Se. Exzl. FZM. Polay, Graz	4.—
Herr Major Franz Pokorny, Felixdorf	2.—
„ Obstlt. Franz Pokorny, Wien III.	2.—
„ Oberst Polaczek, Lemberg	3.—
„ „ Bregenz	6.—
„ Dr. Armin Polak, Mödling	1.60
„ GM. Fr. v. Polak, Preßburg	5.—
„ Direktor Dr. Polaschek, Wien XXI.	11.—
„ Oberstabsarzt Dr. Polacet, Brünn	2.—
„ Alois Poor, Wien I.	1.—
„ Major Papist, Hermannstadt	2.—
Herr Obstlt. Elias Papist, Josefstadt	2.—
„ Baron v. Popper, Wien	4.—
„ Julius Popper, D.-Wagram	2.—
„ GM. Poppy, Krakau	2.—
„ Albert Poppy, Wien IV.	2.—
„ Major v. Portenschlag, Krakau	2.—
„ Oberst Pöschmann,	2.—
„ Hptm. Poschmann, Wöllersdorf	1.60
Postamt Berndorf	3.—
„ Wampersdorf	1.60
„ Wien 8	2.40
„ „ 35	7.50
„ „ 62	4.—
Se. Exzl. FZM. Oskar Potiorek, Wien	5.—
Herr Oberst Franz Potuczek, Rzezow	2.—
Frl. Maria Pojtka, Deutsch-Wagram	3.—
Herr Karl Potzul, Bruck a. d. L.	2.—
„ Oberst v. Prager, Brody	2.—
„ Obstlt. „ Prager, Fiume	6.60
„ „ „ Lemberg	2.—
„ Oberst Rud. v. Prager, Pola	5.—
Hochw. Herr P. Prah, Görz	4.—
Prämonstratenserstift Geras	2.—

	K		K
Herr Franz Brandstetter, Gföhl . . .	5.60	k. u. k. Reichskriegs-Ministerium . . .	700.—
„ Leop. Prantner, D.-Wagram .	78.—	„ =Präsidialbureau .	4.—
„ Dr. Max Prantner, Krems .	2.—	„ 8. Abteilung . .	2.—
„ Offizial Pratschke Wöllersdorf	1.60	„ Regiftr.-Direktion .	2.—
„ Major Prica, M. Schönberg . .	2.—	„ Expedit.-Direktion	2.—
„ Pregler, Temesvar . . .	2.—	„ 10. Abteilung . .	5.—
„ Peter Preißl, Hocheneich . .	—.80	Herr Hptm. Reif, Komorn . . .	2.—
„ Oberintend. Preiß, Temesvar .	4.—	„ Oblt. Reim, Wien . . .	2.—
„ Emil Preitlachner, Wien II. .	4.—	„ Hans Reiner, Salzburg . . .	3.—
„ Oberst Ferd. Prevost, Jaroslau	2.—	„ Oberstlt. Reinisch, Bozen . .	2.—
„ Major Sigmund Prey, Esseg .	2.—	„ Oberst Reinold, Budapest . .	3.—
„ Prischa, Eckartsau . . .	1.60	„ Pfarr.Jos.Reisinger, Spannberg	2.—
Hochw. H.Pfarr. Prisching, Hanglschlag	2.—	„ Jos. Reisner, Deutsch-Wagram	9.60
Herr Schuldirektor Karl Prisching, Wien	1.60	„ Obstlt. Al. Reitermann, Cattaro	2.—
Privat-Lehrerseminar, Strebersdorf	2.—	„ GM. Reitz, Kaschau . . .	3.—
„ =Volksschule, Strebersdorf .	2.—	„ Artl.-Zeugsverwalter Rendulić, Krakau	2.—
Wien IV. . .	4.—	„ Joh. Resch, Alt-Aussee . .	1.60
Herr Probst, Wien I. . . .	3.—	„ Land.-Rech.-Rat Hur. Reschauer, Wien	—.40
„ Pf.Dr.Max Prodinger, Mödling	2.—	„ Major v. Reyl-Hanisch, Wr.-Neustadt	2.—
„ Karl Prochaska, Krustetten .	2.—	„ GM. v. Rezáč, Olmütz . .	2.—
„ Oberlehr.Franz Pruska, Wetzelsdorf . .	2.—	„ Landeshptm.Rhomberg,Dornbirn	5.—
„ Ladislaus Prusz, Krakau .	4.—	„ Oberst Richter, Belovár . . .	2.—
„ GM. Artur Przyborski, Graz .	2.—	„ Major Richter, Krakau . .	2.—
„ Major Pühringer, Hall i. Tirol	4.—	„ Pfarrer K. Richter, Schönkirchen	4.—
Hochw. Herr Konviktsdirektor Dr. Pühringer, Stift Melk	2.—	„ Hptm. Ant. Rickert, Wien .	2.—
Herr Militärind. Pülitzer, Wien .	1.60	„ Land.-Bau-Direktor Riedel, Wien	7.—
„ Oberstlt. Pütermann, Gyulafehervar	2.—	„ Hptm. Riedl, Kaschau . .	2.—
„ Dr. Paul Putzer, Waidhofen a. d. Ybbs	2.—	„ Pfarrer Hub. Riedl, Ob.-St. Veit	1.—
„ Direktor Quier, Wien II. .	—.80	Erzl. FML. Rieger, Wien . . .	34.—
„ Anton Quirgst, Deutsch-Wagram	2.—	Herr Bez.-Vorst. Rienößl, Wien .	—.80
„ Oberstlt. Radajtović, Szabatka	6.—	„ Oblt. Rieß, St. Georgen-Klaus	1.60
„ FML. Radanovich, Prag .	9.—	„ Franz Rigl, Deutsch-Wagram .	2.—
Radfahrklub in Deutsch-Wagram .	30.—	„ P. Mart. Riesenhuber, Seitenstetten	2.80
Herr Leop. Radl, Franzensdorf .	2.—	„ Major v. Ripper, Lemberg .	2.—
„ Major Radl, Preßburg . .	5.—	„ Oberlehrer Risch, Schwechat .	2.—
„ Dr. Radlmesser, Rzeszow .	2.—	„ Oblt. Rischl, Wien . . .	1.60
„ Oberst Ritter v. Rainer, Brassó	4.—	„ Ob.-Intend. Rittler, Prag . .	4.—
„ Joh. Rainer, Salzburg . .	4.—	„ Major Rivo, Beneschau . .	2.—
„ Landes-Rechn.-Rat Eugen Raith, Wien	5.—	„ GM. Rizy, Olmütz . . .	2.—
„ Graf Rajonowsky, Schönstein .	2.—	„ Franz Rizy, Olmütz . . .	2.—
„ Oberst Fred. Ramberg, Josefstadt	2.—	„ Oberst Rizy, Przemysl . .	2.—
„ Baron Ramberg, Lovrana	2.—	„ Dr. Hans Rizzi, Wien . .	2.—
„ Major Raschbach, Wien-Arsenal	2.—	Herr Oberl. Roggenburg. Wien XIV	—.40
„ Michael Rat, Wien XIV. .	6.—	„ Major Ritt. v. Röhn, Przemysl	2.—
„ Major Rattonari, Budapest .	2.—	„ GM. Rohr, Budapest-Nagyvarad	2.—
„ Friedr. Raubal, Gunnpoldskirchen	1.60	„ Graf Rojenadn, Ob.-Wigstein .	5.—
„ Karl Mauer, Deutsch-Wagram	4.—	„ Joh. Rohnic, Komorn . .	3.60
„ Raymann, Retz . . .	9.—	„ Ob.-Rechn.-Rat G. Rolla, Wien	4.—
„ Oberstlt. Leop. Razl, Karansebes	4.—	„ Karl Roller, Eger	2.—
„ Major Jakob Razlag, Neusandec	2.—	„ Matth. Römer, Nieder-Absdorf	1.50
„ Ad. Rechtloff, Hirtenberg .	2.—	„ Maj. v. Roscher-Rath, Jaroslau	7.—
„ Direktor Reckendorfer, Wien .	2.—	„ Paul de Rosiéré Marseille . .	5.—
„ Major Regnier, Jaroslau .	2.—	„ St.-Wst. Roschkofsky, Wien XXI.	4.—
„ Adolf Reh, Deutsch-Wagram .	5.60	Se. bisch. Gnaden Dr. Johann Rößler, St. Pölten	2.—
„ Oberst Paul v. Rehm, Cattaro .	2.—	Hochw. Dechant Rößler, Retz	3.60
„ Joh. Reichhart, St. Pölten .	4.—	„ St. Rößler, St. Zwettl	20.—
„ Oberst Reichhut, Selo . .	2.—	Herr Major Edler v. Rößler, Zloczow	3.—
„ Leop. Reichel, Deutsch-Wagram .	3.20	„ Bürgerm. Rößler, Schweiggers	2.—
„ Major Reichel, Zloin . .	2.—	„ Oberst. Edl. v. Rößler, Zloczow	3.60
„ Oberst J. Reichler, Budapest .	2.—	„ Major Rostovsky, Tarnow .	2.—
„ Oberstlt. Reichler, Kecskemet .	2.—	„ Oberstlt. Rostovský, Pilsen .	2.—
		„ Emil Roth, Wien III., Rennweg	200.—

	K
Herr Oberst Josef Roth, Wien I . . .	1.60
Zweigverein vom „Rothen Kreuz", Bruck a. d. Leitha	4.—
Zweigverein v. „Rothen Kreuz", Horn	1.60
„ Waid-hofen a. d. Ybbs	1.60
Herr Major Alb. Rottmari, Budapest	5.—
„ Oberst Rotter, Bozen . .	2.—
„ Ferd. Rotter, Zwentendorf . .	11.45
„ Oberstlt. Rübesch, Banjaluka .	4.—
„ Major Rubritius, Caslau . .	2.—
„ Major Gust. Rubritius, Prag .	2.—
„ Oberstlt. Rudholzer, Mödling .	2.—
„ Josef Rudl, Mistek	10.—
„ GM. v. Rudzinski, Olmütz . .	4.—
„ Maj. Theod. Rudzinski, Lemberg	2.—
„ Franz Josef Rühr, Horn . . .	5.60
„ Dr. Frz. Ruiß, Waidhofen a. d.Th.	2.—
„ Joh. Rukavina, Wien	6.—
Erzl. FML. Emil v. Rukawina, Nagy-varad . . .	2.—
Herr Oberst Rukawina, Bjelina . .	5.—
„ Georg Rukowanski, Wien . .	2.—
„ Major Rütschl, Turnau	2.—
„ Prof. Gust. Rüsch, Wien XIII .	4.—
Rußbach-Forstverwaltung	2—
Herr Major Mich. Rüßler, Königgrätz	2.—
„ Oblt. Fel. Freih. v. Saar, Fischau	2.—
„ Oberstlt. Jul. Saazer, Wien . .	2.—
„ Josef Sahnhofer, Zeltweg . .	2.—
Frau Betti Sahulka, Wien . . .	10.—
Herr Prof. Dr. Joh. Sahulka, Wien	46.—
„ Oberst Joh. Graf Salis, Fiume .	3.—
„ Hptm. Bar. Salis-Samaden, St. Pölten . . .	1.60
„ Major Salmann, Hermannstadt	1 60
„ Obst.Salomon v.Friedberg, Wien	2.—
„ Gend.-Wachtm. Mart. Salzer, Orth a. d. D. . . .	4.—
„Sängerbund" Deutsch-Wagram . . .	10—
Herr Kontrollor Saugl, Persenbeug .	2.—
„ Major Sappe, Beneschau . .	2.—
„ Notar Sarauer, Mödling . .	4.—
„ GM. Sartotic, Linz . . .	2.—
„ GM. Eugen Sartori, Linz . .	2.—
„ Oberst Sartori, Graz . . .	4.—
„ Major Sasic, Temesvar . . .	2.—
„ Oberst Johann Sauerwein, Sebenico . . .	2.—
„ GM. v. Scapinelli, Wien . .	2.—
„ Oberst Karl Scotti, Graz . .	2.—
„ Oberst Sedlaczek, Krakau . .	2.—
„ Major Seefeldner, Nagyvarad .	2.—
„ Prof. Dr. Seemüller, Wien . .	2.—
N.-ö. Landes-Seminar in St. Pölten .	2.—
„ Hptm. Franz Sehan, Wien .	1.60
„ GM. Gottfried Seibt, Görz .	2.—
„ Franz Seifert, Wien . . .	2.—
„ Oberstlt. Josef Seipka, Miskolcz	4.—
„ Leo Seidel & Sohn, Wien . .	2.52
Bischöfl. Sekretariat, Brünn . . .	2.—
Herr Anton Sell, Wien . . .	2.—
„ Oberst v. Sellner, Klagenfurt .	2.—
„ Serrainer, Ischl	4.—
„ GM. L. Sertic, Györ . . .	4.—
Servitenkonvent Gutenstein . . .	3.—
Herr Oberl. Seybold, Gnadendorf .	1.20

	K
Herr Domscholaster Dr. Jos. Seywald, Wien I . . .	2.—
Hochw. Herr Pfr. Seyfriedsberger, Zwendorf . . .	— 50
Herr Oberl. Siederer, Leitzersdorf .	2.—
„ Heinr. Siebert, Gnadenfeld . .	2.—
„ Dr. Rich. Siebert, Leipzig . .	5.—
„ Major Siegl, Blumau . . .	1.—
Erzl. FML. Heinr. v. Stegler, Wien	.—
Herr Major Siemens, Salzburg . .	2.—
„ Ob.-Zgsverw. Sima, Castelnuovo	8.—
„ Dr. Simony, Wien . . .	2.—
„ Prof. Oskar Simony, Wien . .	2.—
„ Forstm. Singer, Neubruck b. Scheibbs . . .	2.—
„ Major v. Sirk, Bruck a. d. L. .	2.—
„ Major Sirowy, Teschen . .	2.—
„ Hptm. Skala, Przemysl . . .	4.—
„ Obstlt. Bar. Skrbensky, Göding .	5.—
„ Oberstlt. Friedr. Skreta, Biber .	2.—
„ Slapeta, Groß-Kadolz . . .	3.60
„ Hofrat Dr. Slatin, Wien . .	2.—
„ Notar Slawik, Gr.-Enzersdorf .	9.20
„ Oberst Smekal, Brünn . . .	4.—
„ Bez.-Tierarzt Smital, Matzen .	3.60
„ Hptm. Smitka, Wien . . .	2.—
„ Ob.-Int. Eug. Snijer, Nagyszeben	2.—
„ Oberst Luk. Sujaric, Nagyszeben	2.—
„ Oberstlt. Sobolenski, Stockerau	2.—
„ Oberstlt. Alb. Sommer, Wien V.	2.—
„ Major Alb. Sommer, Znaim .	2.—
„ Ferd. Sononer, Steinkirchen .	1.50
„ Major Alb. Soratroi, Bozen .	3.—
„ Joh. Soukup, Wien . . .	1.60
„ Joh. Spacil, Wien . . .	2.—
„ Friedr. Spannbauer, Wien . .	2.—
„ Josef Spanner, Alberndorf . .	2.—
„ Dir. Ludw. Spängler, Wien .	4.—
Sparkassa in Amstetten . . .	5.60
„ „ Gänserndorf . . .	100.—
„ „ Horn . . .	4.—
„ „ Korneuburg . . .	2.—
„ „ Mistelbach . . .	22.—
„ „ Neunkirchen . . .	4.—
„ „ Raabs . . .	2.—
„ „ Schrems . . .	2.—
„ „ Stockerau . . .	4.—
„ „ Tulln . . .	4.—
„ „ Deutsch-Wagram . . .	200.—
„ „ Weitra . . .	10.—
„ „ Wolkersdorf . . .	30.—
„ Erste österr., Wien . . .	11.60
„ Neue Wiener, Wien . . .	1.60
Herr Pfarrer Spath, Gr.-Engersdorf	2.—
„ Josef Spatt, Deutsch-Wagram .	3.60
„ Major Graf Spaur, Schloß Valer	2.—
„ Mil.-Ob.-Int. Spengler, Prag .	4.—
„ Obstlt. Sperl v.Kuluigg, Budapest	2.—
„ Major Silvio v. Spieß, Bruck a. d. L. . . .	2.—
„ Major Spitzmüller, Prag . .	2.—
„ Maj. Spitzmüller v. Tanalwehr, Prag . . .	2.—
„ Major Splichal, Pisek . . .	2.—
Erzl. FML. v. Sprecher, Jaroslau .	3.—
Herr Hptm. Heinr. Spunor, Mödling	2.—
„ GM. Jg. Spürny, Nagyszeben .	2.—

	K			K
Herr Hptm. Stanković, Wien . . .	1.60	Schießschulabt. d. Festungsart. Wien		7.—
Exzel. FZM. v. Succovaty, Graz .	10.—	Herr Oberlehrer Schiffe, Wien XXII.		1.—
Herr Major Suchanek,	1.60	„ Frz. Schiffner, Rumburg . . .		2.80
„ Josef Suchentrunk, D.-Wagram .	8.—	„ Ob.StabsarztDr.Joh.Schiffrer,		
„ Schulrat Dr. Suchomel, Wien .	6.40	Preßburg		2.—
„ Dr. Aug. Suchomel, Dürnkrut .	15.62	Herr Ritter v. Schikisch-Vellebit, Neun-		
„ Dr. Theod. Suchomel Matzen .	8.—	kirchen		2.—
Südmark Ortsgruppe Hetzendorf .	—.40	Exzel. Schikofsky, Innsbruck . .		5.—
„ „ Karlstein a/b. Th.	2.40	Herr Dr. Schilcher,Notar in Zistersdorf		5.—
„ „ Kornenburg . .	—.40	„ Major Ritter v. Schilhanosky,		
„ „ Weitra . .	—.40	Wien		2.—
Herr Oberstlt. Sujarić, Banjaluka .	2.—	„ Anton Schima, Univ.-Ob.-Pedell		
„ Sebast. Sulzbacher, Wien . .	2.—	in Wien		2.—
„ F. Sundermann, Ruprechtshofen .	—.40	Herr Ober-Tierarzt Schindler, Wr.-		
„ Direktor Suppan, Leoben . .	2.—	Neustadt		2.—
Exzel. v. Surany, Budapest . .	6.—	„ Eduard Schinzel, Wien . .		2.—
Hochw. Norbert Süß, Klosterneuburg .	4.—	„ Jul. Schiroky, Wien . .		1.—
Herr Hptm. Frz. Suttner, Wien .	2.—	„ Ant. Schischka, Deutsch-Wagram .		3.—
„ Oberst Paul Swoboda, Lemberg	4.—	„ Schlinkert Franz, Wien . .		2.—
„ Oberstlt. Swoboda, Olmütz .	2.—	„ Major Schmarda, Agram . .		2.—
„ Vinzenz Swoboda, D.-Wagram	5.—	„ Oberst Edl. v. Schmid, Plevlje .		4.—
„ Wilh. Swoboda, Gresten . .	2.—	„ Pfarrer Frz. Schmid, Wien XX.		3.—
„ Swoboda, Steinkirchen . .	2.—	„ Ob.-St.-Arzt Dr. Schmidinger,		
„ Hptm. Emil Szabo-Antal, Trais-		Linz		2.—
kirchen . .	2.—	„ Pfarrer Schmidt, Wien XIII. .		4.—
„ Oberst Jos. Szentgyörgyi, Szeged	5.—	„ GM. Schmidt, Temesvár . .		4.—
„ Szentgyörgy, Szolnok .	2.—	„ Oberst Schmidt, Prag . .		2.—
„ Major Szigethy, Wien .	2.—	„ „ Schmidt, Czernowitz . .		2.—
Hochw. Abt Schachinger, Stift Schlägl	14.—	„ „ Schmidt, Brod . .		2.—
„ Pfarr.Alf.Schachner,Gänserndorf	—.50	„ „ Schmidt, Rzeszow . .		2.—
Herr Leonhard Schadler, Gleisdorf .	4.80	„ Major Schmidt, Brünn . .		4.—
„ Hofrat Aug. Schaeffer, Wien .	—.80	„ „ Schmidt, Prag . .		2.—
„ Pfarrer Schaffer, Schrattenberg .	2.—	„ Hptm. Schmidt, Hainburg . .		2.—
„ Ludw. Schäffler, Karlsbad . .	3.60	„ Anton Schmidt, Gr.-Ullersdorf .		1.—
„ Karl v. Schall, Mödling . .	5.60	„ Oberlehrer Schmolek, Wien V. .		—.80
„ GM. M. Schandru, Brassó .	2.—	Hochw. Herr Prälat F. Schmolk, Her-		
„ Art. Zengsverw. Josef Schatra,		zogenburg		2.—
Smichow . .	2.—	Herr Oberst Schmucker, Königgrätz .		2.—
„ Bürgerm. Schauer, Wels . .	2.—	„ „ Schmucker, Krakau . .		2.—
„ Rittm. Frz. v. Schaumann, Kor-		„ „ Schneeberger,Koloszvár		4.—
neuburg . .	4.—	„ J. Schneeweiß, Wien VIII. .		1.—
„ Karl v. Schaumann, Kornenburg	2.—	„ Offizial Schneider, Blumau .		1.60
„ Karl Schaumayer j., D.-Wagram	2.—	„ Oberlehr.Schneider, St. Georgen		7.60
Hoheit Prinz Albrecht Schaumburg-		„ Oberstlt. Schneider, Innsbruck .		2.—
Lippe, Wels . .	3.—	„ Oberst Schneider, Prag . .		2.—
Durchl. Prinz Friedr. Schaumburg-		Exzell. FML. Schneller, Komorn .		13.—
Lippe, Vostiboritz .	20.—	Herr GM. Schneller, Peterwardein .		2.—
Herr stud. jur. Hans v. Schebek, Wien	10.—	„ Hptm. Schlachta, Wr.-Neustadt .		1.60
„ Min-Rat Schebesta, Wien . .	2.—	„ Frz. Schlederer, D.-Wagram .		2.—
„ Leop. Scheck, Mallersbach .	2.40	„ Gregor Schlederer, D.-Wagram		1.60
„ Dr. Scheby, Horn . .	2.—	„ Fr. Schlederer Marie, „		2.—
„ Karl Scheibenreiter, Würflach .	1.60	„ GM. Schleyer, Wien . .		2.—
„ Prälat Dr. Jof. Scheicher, Wien .	7.—	„ Oberst Schlimarzit, Iglau . .		2.—
Exzel. FMH. v. Schemua, Innsbruck	5.—	„ Franz Schlinkert, Wien XIV. .		—.80
Herr GM. Schemua, Triest . .	4.—	„ Prof. Dr. J. v. Schlosser, Wien .		2.—
„ Josef Schenk, Gaming . .	2.—	„ Pfarrer Schlundmann, Agath		
„ Oberstlt.Theod.Schenk,Kuttenberg	4.—	bei Wörgl		2.—
„ Major Scherach, Theresienstadt .	2.—	Exzell. FML. Schoedler, Hermannstadt .		4.—
„ Scherer, Do. Tuzla . .	1.60	Herr Paul Ritt. v. Schoeller, Wien .		5.20
„ Dr. Gerhard Scherff, Wien . .	2.—	„ Philipp v. Schoeller, Wien .		22.—
„ Oberst Scheuchenstuil, Brassó .	2.—	„ Richard Schöfer, Feldkirch .		2.—
„ C. v. Scheure, Temesvar .	4.—	„ Oberst Schöffler, Wien . .		1.60
„ Hptm. Scheyrer, Klosterneuburg .	2.—	„ „ Scholz, Stanislau .		6.—
„ Joh. Schick, Hainfeld . .	2.—	„ Oberstlt. Schön, Hainfeld . .		2.—
„ Oberlt.Ant.Schiebl, Tribuswinkel .	2.—	Exzell. FZM.Freih. v. Schönaich, Wien		32.—
„ GM. Schiedler, Olmütz . .	10.—	Herr Engelb. Schönauer, Heidenreich-		
„ Major Schießler, Bozen . .	2.—	stein		3.20

	K		*K*
Herr Dr. Frz. Schönbrunn, Lilienfeld	2.—	Herr Oberst Schultheiß, Nyitra . .	2.—
Durchlaucht Fürst Schönburg, Wien .	3.—	„ Major Schulz, Theresienstadt .	2.—
Herr Major Schönett, Mollersdorf .	2.—	„ Dr. Joh. Schulz v. Strasznitzki,	
„ Herm. Schöpfer, Marburg	4.—	Wien	4.—
„ Bürgermeister Schöpfleuthner,		„ Jgn. Schumann, Wien	2.—
Süßenbrunn	4.—	„ Oberstlt. Schupp, Zara	4.—
„ Schrader, Naghszeben . .	2.—	„ Hptm. Schurz, Wien	2.—
„ Abgeordneter Schraffl, Innsbruck	2.—	„ Franz Schuster, Gaindorf . . .	2.—
„ Joh. Schramm, Leopoldsdorf .	25.60	„ Major A. Schütz, Esztergom . .	4.—
„ Schranzhofen, Krems	4.—	Schützenkorps Asch	25.—
Frau Schreiner, D.-Wagram . .	10.—	„ Neu-Nagelberg	22.—
Herr Oberst Frz. v. Schreitter, Przemysl	4.—	Durchl. Adolf Josef Fürst Schwarzenberg, Wien	20.—
„ Oberst Leo v. Schreitter, Karolinenthal	4.—	Durchl. Felix Prinz Schwarzenberg, Wien	10.—
„ Maj. Walt. v. Schreitter, Grabiška	2.—	Durchl. Joh. Erbpr. Schwarzenberg, Protivin	5.—
„ O. Schreuer, Wien VIII. .	1.—	Durchl. Karl Fürst Schwarzenberg, Wien	20.—
„ GM. Rich. Schreyer, Leitmeritz .	4.—	Herr Joh. Schwayer, Poysdorf . .	2.—
„ Oberst Schreyer, Przemysl .	2.—	„ Prof. Emmer. Schweiger, Wien .	2.—
„ Dr. Jof. Schrott, Weizenkirchen	3.20	„ Bez.-Hptm. Schweiger, Landeck	2.—
„ Major Schrotz, Klagenfurt . .	2.—	„ Major v. Schwer, Kronstadt .	2.—
„ Eduard Schubert, Wien . . .	1.60	„ Prof. Dr. Schwerdfeger, Wien .	2.—
„ M. Schüch, Deutsch-Wagram .	2.—	„ Obst.v.Schwertführer,Neusandec	4.—
„ Oberst Schudawa, Wels . .	4.—	„ GM. v. Schwerdtner, Olmütz .	2.—
Erzell. Vize-Admiral Schukić, Pola	4.—	„ Karl Schwetter, Wien . . .	2.—
Schulen:		„ Obst.Schwetz,Michlaub.Innsbruck	2.—
Volksschule Deutsch-Wagram	24.—	„ A. Schwidernoch, Wien-Hacking	7.—
„ Kirchberg a. d. P. . . .	6.60	Erzl. FZM. Schwitzer, Temesvar . .	12.—
„ Probstdorf . . .	2.—	K. k. Statthaltereipräsidium, Wien .	100.—
„ Siebenhirten . .	2.—	Staatsgymnasium Wien VIII. . . .	5.—
„ Wien, IV., Alleegasse 44	4.—	„ XVII. . .	5.—
„ Fuchsenbigl . .	3.20	„ Ober-Hollabrunn . .	5.—
„ Mehrnbach . .	1.60	Staatsrealschule Wien XVI. . . .	2.—
„ Parbasdorf . .	4.—	Herr Pfarrer Stabler, Gr.-Wetzdorf .	10.—
„ Weißenkirchen a d.Perschl.	1.20	Stadtarchiv Baden	1.60
„ Wien, V., Nikolsdorferg.	—.80	Stadtgemeinde Mistelbach	21.—
„ „ V.		„ Radtersburg . . .	10.—
„ „ XII., Ruckergasse	1.60	„ Waidhofen a. d. Th. .	10.—
„ „ XIV.	1.60	„ Korneuburg . . .	6.—
„ „ XIV. Dablergasse	1.60	„ Eggenburg	2.—
„ „ XVII.	2.40	„ Groß-Enzersdorf . . .	2.—
„ „ XIX.	—.40	„ Krems . . .	2.—
„ „ XXI. Wernhartg.	1.60	„ Zwettl	2.—
„ „ III., kath. Privat-,	2.—	Herr Baurat Stagl, Wien . . .	2.—
„ Stockerau (Knaben-) . .	2.—	„ Leop. Staminger, Gresten .	1.60
„ Zwettl	3.—	„ R. v. Stammer, Scheibbs .	2.—
Volks- u. Bürgerschule Wien XIII. .	—.40	„ Pfarr. Stark Kleinzell am Hafelb.	—.40
„ „ „ Korneuburg	4.80	„ Maj. Aug. Starkel, Karolinenthal	2.—
„ „ „ Mistelbach	2.40	„ Frz. Starnberger, Waidendorf .	2.—
Bürgersch. Wien, I. Erlachgasse	5.—	„ Dr. Alb. Starzer, Wien . . .	4.—
„ „ II. Weintraubeng. . .	6.—	„ Ambros Starzer, Unter-Plank .	2.—
„ „ IX. Glaserg. .	3.—	K. k. Statthalterei-Präsidium, Prag .	50.—
„ „ X. Herzgasse	5.—	„ Wien .	100.—
„ „ XII. Migezyiplatz	3.50	Herr Oberstlt. Staudl, Wien . . .	1.60
„ „ XIV. Goldschlagstr.	5.—	„ Major Steinbach, Wien . . .	2.—
„ „ XVI. Seitenbergg.	6.—	„ Steinhardt, Laibach . .	2.—
Knab.-Volkssch., Wien, II. Pazmaniteng.	3.60	„ Oberstlt.v.Steinhart,Klagenfurt	2.—
Priv.-Volkssch., Wien, IV., Hauptstr.	2.—	„ Major Wilh. Steiner, Pola . .	2.—
Mädch.-Volkssch., Wien, IV., Phorusg.	4.20	Erzell. FZM. Baron Steininger, Pressburg	8.—
Schuldirektion Wien, XIII. Meiselstr. .	—.40	Herr Major Edl. v. Steinitz, Graz .	2.—
Schulleitung, Wien, XII.	—.40	Erzell. FZM. Steinsberg, Krakau .	5.—
„ Wien, V.	—.80	Herr Franz Steiskal, Kl.-Schweinbart	1.60
Schulschwestern Persenbeug . . .	2.—	„ Oberstlt. Stejnar, Pola . . .	2.—
Herr Joh. Schüller, Wagram a. d. D.	1.60	„ Direktor Ferd. Stepanek, Wien	2.—
„ Ob.-St.-Arzt Dr. Schüller, Baden	2.—		
„ Dr. v. Schüllern, Wien . . .	2.—		

	K		K
Herr Major Rud. Stephani, Wien	2.—	Exzl. FZM. Freih. v. Teuffenbach, Görz	11.—
„ Dr. Georg Baron Sternbach, Schrems	2.—	Herr Major Teutsch, Budapest	2.—
Freiherr v. Sterneck, Wien	5.—	„ Ob.=Geom. Thalhammer, Wien	4.80
Herr Inspek. Stetka, Laun	12.—	„ Oberst Thamheiser, Krakau	2.—
„ Frz. Stetter, Triest	3.60	„ Oberstlt. Josef Theyß, Zara	4.—
„ Sekt.=Chef v. Stibral, Wien	10.—	Exzl. FML. Fried. Thiele,Wien=Arsenal	22.—
„ Pfarrer Stich, Walterskirchen	—.60	Herr August Thonet, Wien	2.—
„ Aug. Stift, Wien	4.60	„ Jakob Thonet, Wien	2.—
Stift Klosterneuburg	20.—	„ Bürgerschul=Dir. Thürmann, Wien XV.	2.45
„ Lilienfeld	9.—	„ Graf Konst. Thun, Gr.=Kuntschitz	3.15
„ St. Lambrecht	2.—	„ Graf Felix Thun, Gr.=Kuntschitz	2.—
„ St. Peter, Salzburg	3.—	Exzl. Herr Graf Franz Thun, Prag	1.—
Stiftsbibliothek Herzogenburg	4.—	Herr Graf Max Thun	10.—
Herr Major Stika, Budapest	3.—	„ J. G. Thurnher, Dornbirn	2.—
„ Josef Stiller, Leitmeritz	2.—	„ Graf Thurn=Taxis, Innsbruck	5.—
„ GM. v. Stipanović, Esseg	2.—	„ Dr. Alfred Tichtl, Metz	1.—
„ Pfarrer Stöger, Dürnkrut	4.—	Hochw. Herr Pfarrer Tiefenbacher, Jetzelsdorf	3.60
„ Rittm. Jul. Stöger, Sinj	2.—	Herr Joh. Tilscher, Deutsch=Wagram	19.—
„ Oberst v. Stöger=Steiner, Wien	11.—	Tiroler=Kaiserjäger=Reg.Nr.1,Innsbruck	1.60
„ Günth. Graf Stollberg, Pastau	2.—	„ „ „ 3,Bozen	1.60
„ Karl Stölzle, Suchental	2.—	„ „ „ 4	20.—
„ Hptm.A. v. Stowasser, Mödling	2.—	Herr Major Tischina, Laibach	2.—
„ Oberstlt.G.Stowasser,Przemysl	2.—	„ Oberstlt. Titz=Szegner, Wien	5.—
„ Major Strach, Bjolina	2.—	Hochw. Herr Pfarrer Friedrich Tobler, Mariabrunn	2.—
„ Moritz Gf. Strachwitz,Grundelsee	5.—	Herr Oberstlt. Otto Ritt. v. Tomasini, Teodo	7.—
„ Dechant Strahammer, Wien	2.—	„ Dr. Emil della Torre, Wien	1.60
„ Oberstlt. Stramlitsch, Turnau	4.—	K. u. k. Train=Division Nr. 1	2.—
„ P. Paul Straßer, Sonntagsberg	2.—	„ „ „ „ „ 3	2.—
„ Oberst v. Straßer, Baden	2.—	„ „ „ „ „ 8	2.—
„ Oberstleutnant von Straßer, Josefstadt	3.—	„ „ „ Train=Reg. Nr. 1.	6.—
„ Major Eugen Straub, Innsbruck	4.—	Herr Major Trampisch, Lobestie	1.60
„ GM. Streichert, Innsbruck	6.—	„ Hermann Trapp, Wildstein	10.—
„ Offizial Streit, Wien=Arsenal	4.—	„ Major Tratz, Hall	2.—
„ Major Rudolf v. Strobl, Wr.=Neustadt	2.—	Exzl. Graf Hugo Traun, Wien	100.—
„ Oberstlt. Strohmer, Hainsbach	1.60	Herr Graf Karl Traun, Petronell	10.—
„ „ Strohmer, Tarnopol	5.—	„ Graf Rudolf Traun, Wien	10.—
„ Pfarrer Strohmer, Spitz a. d. Donau	2.—	„ Major Traxler, Lemberg	5.—
Exzell. FML. Ad. Ströhr, Lemberg	8.—	„ Kaspar Treipl, Pillichsdorf	2.—
Herr Oberst Strzechowski, Przemysl	2.—	„ Oberst Trexler, Olmütz	2.—
„ Laurenz Stuböck, Wien XIIV.	2.—	„ Prf. Dr. Gust. Treixler, Göding	6.—
„ Baron Aug. Stummer, Wien	11.—	„ Oberstlt. Heinr. Trichtel,Antovac	3.—
„ Karl Stummer, Rottenhaus	4.—	Exzl. FML. Troll, Wien	2.—
Frau Klara v. Tachauer, Olmütz	2.—	Herr Oberst Trollmann, Wien	5.60
Herr Oberstlt. Tangel, Budweis	1.20	„ Bürgerm. Dr. Trenner, Baden	2.—
„ Karl Edler v. Tamme, Wien I.	2.40	„ Major Trsel, Krakau	4.—
„ Obstlt. Taninger, Theresienstadt	2.—	Hochw. Herr Pfr. Trubrich, Stockerau	3.20
„ Rittm. v. Tanz, Temesvar	20.—	Truppenspital Krems	2.40
Exzl. FML. Jos. Tappeiner, Lemberg	2.—	Herr Ritt. v. Truskowski, Krakau	2.—
Herr Josef Taschek, Budweis	2.—	„ Ernst Tschinkel, Wien	2.—
„ Josef Tatzber, Deutsch=Wagram	2.—	„ Oberstlt. Tschuschner, Debreczin	2.—
„ Dr. Max Tard, Salzburg	5.—	„ Oberst Math. Tuckovic, Essegg	2.—
„ Major Tautscher, Castelnuovo	2.—	„ Oberstlt. Tunt, Theresienstadt	2.—
Technische Militärakademie Mödling	11.20	„ Oberstlt. Tupaj, Budapest	2.—
Technisches Militärkomitee Wien	13.80	„ Major Turczyk, Mosty wielkie	2.—
Herr Oberstlt. Peter Tegei, Innsbruck	2.—	„ Oberstlt. Turing v. Ferrier, Wien	6.—
„ Oberstlt. Teisinger, Wien	2.—	„ GM. Hugo Ubaldini, Mostar	4.—
Exzl. FML. Tengler, Wien IV.	8.—	„ Prof. Dr. Karl Uhlirz, Graz	2.—
Herr Major Teplicky, Przemysl	1.60	„ Isidor Uiberall, Matzen	7.—
Exzl. FML. Tertulja, Preßburg	5.—	Ulanen=Reg. Nr. 2, Tarnow	3.—
Herr Dr. Franz Tersch, Engelszell	4.—	„ „ 4, Zolkiew	2.—
„ Dr. Franz Tersch, Herzogenburg	2.—	„ „ 8, Tarnopol	1.60
„ Karl Teubner, Wien	2.—	Herr Major Franz Ullrich, Graz	2.—
„ Oberst Teufel, Hohenmauth	8.—	„ Schulrat Ulrich, Melk	4.—

	K		K
Herr Dir. Alois Unger, Wien IX...	2.—	Hainburg	2.—
„ Josef Unger, Gablonz....	3.—	Hainfeld	1.60
„ Georg Unger, Franzensdorf..	3.60	Hüttschlag	3.60
„ M. Unger, Bruck a. d. L.	1.60	Jägerndorf	10.—
„ GM. Bar. Unterrichter, Wien IV.	2.—	„	11.60
Erzl. FML. Ed. Urban, Temesvar.	2.—	Jedenspeugen	2.—
Herr Oberst v. Urban, Klattau.	2.—	Jamnitz	1.60
„ Major R. v. Urban, Wien...	2.—	Judenburg	1.60
„ Major Urbilič, Zombor....	2.—	Kindberg	2.—
„ S. Urpani, Wien......	—.80	Kreuzen	2.—
„ Oberst Van=Zel, Foca....	4.—	Kronstadt, Böhm.	1.60
Hochw. Herr Frz. Veigl, Stift Arbagger	—.30	Langenlois	2.—
Herr Major Veith, Teschen...	2.—	Lang=Enzersdorf	3.—
„ Major Velkavech, Lemberg..	3.—	Leitmeritz	5.—
„ Oberst Verbroß.....	2.—	Leopoldskron=Moos	5.50
„ GM. Baron Veres, Eperges..	10.—	Lunz	2.40
Erzl. G. d. Inf. Veresanin v. Vares, Zara	2.—	Landskron, Böhm.	2.—
Herr Major Verhovac, Graz..	4.—	Liebenau	1.60
„ Oberstlt. Verhovac, Trebinje.	2.—	Lend	1.60
„ Obstlt. Mart. Verkljan, Esztergom	2.—	Leoben	1.00
„ Major Verkljan, Gran..	2.—	Lilienfeld	1.60
Erzl. FML. Ritt. v. Versbach, Wien	2.—	Mödling	8.60
Herr Oberstlt. Verständig, Leibnitz.	1.60	Mähr. Trübau	5.60
Militär=Veteranen=Verein in:		Marschendorf	1.60
Aflenz.....	4.—	Martinsburg	2.—
Altmünster.....	3.60	Mattighofen	2.—
Aspang.....	1.60	Marburg (erster)	1.60
Baden.....	4.80	Niederleis	1.60
Bettelgrün.....	1.60	Neulengbach	1.60
Böhm.=Kamnitz.....	1.60	Orth a. d. D.	4.—
Brims.....	1.60	Oberhermsdorf	1.60
Böheimkirchen.....	1.60	Oberhollabrunn	10.—
Brixen=Thal.....	1.60	Ossegg	10.—
Bielitz=Biala.....	5.60	Oberhennersdorf	2.—
Datschitz.....	5.—	Olbersdorf	1.60
Deutsch=Jaßnik.....	3.60	Obereinsiedel, Böhm.	1 60
„ Matrei.....	—.80	Pottendorf	5.—
Drosendorf.....	1.60	Pfarrwerfen	2.80
Eferding, Ob.=Öst...	10.80	Poysdorf	11.60
Ebenfurt.....	4.—	Pettau	2.—
Ebergassing.....	2.60	Prag I.	2.—
Eggelsberg.....	—.10	Piesendorf	3.60
Eisenerz.....	4.—	Reichenau a. d. Malsch	2.—
Eger.....	4.—	Reichenberg, Böhm.	3.60
Eizing.....	1.60	Rumburg	4.80
Ebensee.....	2.—	Rovigno	1.60
Ebreichsdorf.....	1.60	Salzburg	20.—
Frankenmarkt, Ob.=Öst..	8.10	Saalfelden	—.80
Fohnsdorf.....	5.60	Sonnenberg	2.40
Freistadt, Ob.=Öst...	2.—	Sonntagberg	2.—
„ Schles.	2.—	Sarajevo	1.00
Feldkirchen.....	1.60	Schöngrabern	2.—
Gablonz=Umgebung..	2.80	Schluckenau	2.—
Gänserndorf.....	25.—	Schwechat	—.40
Göding.....	6.—	Stainz b. Graz	3.—
Guntersdorf.....	6.60	St. Margarethen=Lungau	1.—
Gumpoldskirchen.....	13.80	St. Peter i. d. Au	5.—
Gabersdorf.....	3.60	St. Veit a. d. Triesting	3.60
Groß=Priesen.....	—.80	St. Veit a. d. Glan	2.60
Goisern.....	1.60	Steinschönau	2.60
Groß=Siegharts.....	1.60	Straden	1.—
Hartberg.....	4.40	Stefanshart	1.—
Harland.....	—.80	Traismauer	5.—
Hohenelbe.....	—.80	Teplitz, Schönau	—.80
Hohenruppersdorf.....	3.—	Thunau am Kamp	11.60
Höchst.....	6.—	Troppau	3.20
		Türnitz	2.—

	K		*K*
Unfen	1.60	Herr Oberst Graf Wallis, Kolleschowitz	2.—
Vöslau	4.40	„ Major Wallner, Olmütz	3.60
Vitis	2.40	„ Oberst Walter, Ragusa	1.60
Wimpassing	2.—	„ Obstltnt. Josef Walter, Graz	4.—
Wieselburg a. d. Erlauf	7.60	„ „ Walter, Bruck a. d. L.	2.—
Wartberg, Steiermark	4.—	„ Graf Franz Walterskirchen, Wolfsthal	18.—
Winterberg	2.—	„ Graf Wolfgang Walterskirchen, Kemmelbach	4.—
Weidhofen a. d. Ybbs	1.60	„ Karl v. Walterskirchen, Graz	10.—
Witschtoberg	1.60	„ Major Karl Walz, Kaposvar	2.—
„Freih. v. Heß" Wien	14.—	„ Karl Wanderer, Wetzleinsdorf	4.40
„Freih. v. Kober" Wien	2.—	„ Ludwig Wanka, Czernowitz	11.60
Waldhausen	1.60	„ Kooperator Jos. Walzl, Hainburg	2.—
Würnitz-Lerchenau	2.—	„ Oberst August Wartalot	4.—
Weidenau	1.60	„ Freiherr Georg v. Wassillo, Berhometh am Sereth	5.—
Weng	1.60	„ Baron Wassillo, Czernowitz	2.—
Wilhelmsburg	2.—	„ Major Friedrich v. Watterich, Jaroslau	15.35
Ysper	4.40	„ Major Karl Watz, Kaposvar	2.—
Ysperthal	2.—	Hochw. Herr Dechant Karl Watzger, Wien	2.—
Zistersdorf	1.60	Herr Major Anselm Watzka, Olmütz	4.—
Herr Graf Felix Vetter, Schloß Neu-hübel	4.—	„ Franz Wawrik, Deutsch-Wagram	12.—
„ Oberst Vetter, Przemysl	2.—	Exzell. FML. Baron Weber, Kaschau	7.—
„ GM. Baron Vever, Eperies	7.—	Herr GM. v. Weber, Budapest	5.—
„ Major Bibulović, Karlstadt	2.—	„ Freih. v. Weber, Zloczow	2.—
„ Oberlt. Baron Vivenot, Wien	2.—	„ Oberst Baron Weber, Györ	4.—
„ Ltnt. Josef Vogel, Wien	5.60	„ Major Weber, Theresienstadt	1.60
„ Major Joh. Vogl, Petersdorf	4.—	Hochw. Herr Prof. Franz Seb. Weber, Stift Mell	1.—
„ Alfred Vogl, Karlsbad	1.—	Herr Hptm. Weghaupt	2.—
„ J. Vogl Sohn, Wien	5.—	„ Major Josef Weidenhoffer, Stockerau	2.—
Volksbildungsverein:		„ Postrat Weidlich, Wien	5.60
Gaming	3.70	Exzell. FML. Baron Weigl, Mostar	2.—
Kagran	2.—	Herr Obstltnt. Weigl, Wien	2.—
Mailberg	4.—	Hochw. Herr Dechant Frz. Weigl, Etzdorf	4.—
Neu-Nagelberg	3.—	Herr Oberst Weigner, Wien	4.—
Oberhollabrunn	2.—	„ Dr. Weil, Wien	1.60
Zistersdorf	4.—	„ J. Weineck, Stockerau	2.—
Herr Prof. Dr. Hans v. Voltelini, Wien	4.—	„ Franz Weiner, Eggenburg	2.80
Hochw. Herr Pfarrer Peter Vorder-mayr, Hopfgarten, Tirol	2.—	„ T. Weinmann, Budweis	1.60
Herr Major Buchetich, Budapest	4.—	Exzell. FML. v. Weinrichter, Wien	2.—
„ Oberst Bukadinović, Lugos	6.—	Herr Ob.-Verpflegs-Verw. Rudolf Weis, Wien	2.—
„ „ Wachenhusen, Budapest	1.60	„ A. Weiser, Payerbach	2.—
„ Förster Frz. Wachter, Schupfen bei Innsbruck	2.—	„ Josef Weiser, Dröfing	1.60
„ Franz Waclawik, D.-Wagram	5.—	Exzell. Minist. Dr. Rich. Weiskirchner	2.—
„ Martin Waditschatta, Wien	3.—	Herr Oberst Edler v. Weitenweber, Prag	2.—
„ Anton Waglechner, Wien	—.50	Exzell. FML. v. Weiß, Temesvar	30.—
„ Obstltnt. Wagner Edl. v. Flor-heim, Theresienstadt	2.—	Herr GM. Weiß, Budapest	2.—
„ Prof. Wagner, Wien	2.—	„ Reg.-Rat Dr. Weiß, Klosterneuburg	2.—
„ Oberlehrer Wagner, Wien XIII.	2.40	„ August Weiß, Wien	1.20
„ Ignaz Waitz, Luden	3.60	„ Lorenz Weiß, Martinsdorf	1.60
„ Josef Waisnig, Ullmerfeld	2.—	„ Major Weiß v. Schleußenburg, Stanislau	2.—
„ Karl Walbiner, Wien	2.—	„ Dr. Ritter Weiß v. Tessenbach, Wien	2.—
„ Franz Wald, Deutsch-Wagram	5.60	„ Dr. A. Weiß Ritt. v. Treßbach, Wien	2.—
„ Michael Wald, Deutsch-Wagram	2.—	„ Dr. Wilh. Weißkopf, Mödling	2.—
„ Hptm. Otto Waldschütz, Wr.-Neustadt	10.—	„ Hptm. Fz. Welechovský, Mödling	2.—
„ Hptm. Alfr. Bar. Waldstätten, Laibach	2.—	„ Oberst Wellenreiter, Budapest	4.—
„ Hptm. Waldstätten-Zipperer, Wr.-Neustadt	1.60	„ Obstltnt. Gustav Welschan, Wels	2.—
„ Graf Waldstein, Dux	4.60		
„ Oberst Josef Walla, Wien	7.—		
„ Major Wallenta, Lemberg	2.—		
„ Obstltnt. Wallenta, Eperjes	3.—		

	K		K
Herr Major Albert Welley, Rzeszow	2.—	Herr GM. Oskar Wittmann, Prag	2.—
„ Welzl v. Wellenheim, Gänserndorf	2.—	„ Karl Wittowitz, Wien	4.—
„ Oberst Wenko, Josefstadt	2.—	„ Karl Wittowitz, Nepomuk, Böhm.	4.20
Hochw. Herr P. Weninger, Stift Zwettl	4.—	„ Direkt.Eugen Wlasak, Wien XVI.	2.—
Herr Direktor Wenisch, Krems	5.—	„ Wochele-Thoma, Wien	2.—
„ M.A.Wenzelburger, Mitterbach	2.—	„ Rittmstr. Wodniansky, Leoben	1.60
„ Oberst Jaroslav Wenzlik, Prag	2.—	„ Moriz v. Wohlfarth, Wien	4.—
„ Major R. Werle, Kolozsvar	2.—	Erzell. FML. Woinovich, Wien	4.—
„ Emanuel Werz, Prag	2.—	Herr Hptm. v. Woinovich, Roticzan	2.—
„ Präsident Ritt. v. Wessely, Prag	4.—	„ Wenzel Wolf, Brüx	1.—
„ Oberlehrer Wessely, Petronell	1.60	„ Obstltnt.Wojakowski, Stanislau	2.—
Hochw. Herr Pfarrer Widhalm, Els	2.—	„ Karl Wojcit, Guntramsdorf	2.—
Herr Major Wiedenperg, Sargowe	2.—	„ Major Wofoun, Brünn	2.—
„ Richard Wypustek, Olmütz	2.—	„ Wöllner, Grodek	4.—
„ Hofrat Baron W. Wien	2.—	Hochw. Herr Prof. Cölestin Wolfsgruber, Stift Schotten, Wien	4.—
Frau Cäcilia Wieland, D.-Wagram	10.—	Herr Major Julius Wolny, Lemberg	2.—
Herr Johann Wieland, Leopoldau	50.—	Hochw. Herr P. Alois Wollin, Wien	3.—
„ Bgmstr. Frz. Wieland, Parbasdorf	46.—	Herr Oberst v. Wolter, Wien	6.—
Wr. Kommunal-Sparkassa, Rudolfsheim	20.	„ Johann Wondrak, D.-Wagram	2.—
Herr Major Franz Wiesinger, Brunn	4.—	„ Obstltnt. Karl Wondre, Mödling	2.—
„ Prof. Dr. Wieser, Wien	2.—	„ Oberst Wonelik, Prag	2.—
„ Karl Wiesinger, Pola	2.—	„ Obstltnt. Woracz, Löcse	2.—
„ GM. Wikullil, Wien	2.—	„ Worlicek, Karlsbad	1.60
„ Oberst Wikullil, Budapest	4.60	„ Worresch, Wien	—.40
Erzell. Geh. Rat Graf Wilczet, Wien	4.80	„ Franz Worsch, Peterswald	1.60
Herr Frdr. Ritt. v. Wildmoser, Agram	2.—	Erzell. FML. Ritt. v. Wuich, Wien	4.—
„ General Ritt.v.Wildmoser,Graz	2.—	Herr Probst Joh. Wurl, Pöltenberg	2.—
„ Major Franz Wilfan, Esseg	4.—	„ Oberlehrer Wurl, Spannberg	4.—
„ Obstltnt. Ritter v. Willerbing, Sopron	2.—	„ Major Joh. Wurja, Linz	2.—
„ Hofrat Dr. Willmann, Salzburg	5.—	„ GM. Wurm, Trient	2.—
„ Willvonseder, Deutsch-Wagram	4.—	„ Major Wukellic, Bekes-Chaba	2.—
Frau Albine Wimmer, Budweis	2.—	„ Edm. Wunder, Blumau	2.—
Herr Domkapitular Dr. Wimmer, Wien	2.—	„ GM. Wusch, Prag	2.—
„ Ing. Josef Wimmer, Wien	2.—	Hochw. Herr Abt Zachee, Stift Wilten, Tirol	2.—
„ Wimmer, Ischl	1.60	Frau Marie Zahradnik, D.-Wagram	10.—
Durchlaucht Alfred Fürst zu Windisch-Grätz, Wien	15.—	Herr Major Karl v. Zailner, Lemberg	4.—
Herr Gen.-Intendant Winkler, Wien	2.—	„ Oberst Zallmann, Wien	5.—
„ Oberst Arthur Winkler, Wien	2.—	„ Alexander Zappert, Wien	2.—
„ GM. Winkler, Pilsen	2.—	„ Mil. Intendant Zaretzky, Wien	3.10
„ Obstltnt.v.Winkler, Maramaros-Sziget	2.—	Frau Marie Zaskoda, D.-Wagram	7.—
„ Obstltnt. Winkler, Arad	2.—	Herr Major Zaunmüller, Wien	2.—
„ Hans Winkler, Arad	2.—	„ Dr. Zawischa, Groß-Engersdorf	1.60
„ Direktor Karl Winkler, Wien X.	4.—	„ Obstlt. Zdunic, Trawnik	2.—
„ Oberst Winnicki, Theresienstadt	2.—	„ Major Josef Zechbauer, Zara	4.—
„ Major Winter, Brunn	2.—	„ GM. v. Zednik, Budweis	2.—
„ Martin Winter, Purgstall	1.60	„ Viktor Zednitge, Linz	2.—
„ Leo Winter, Königgrätz	1.60	„ Graf Karl Zedwitz, Preßburg	2.—
„ Major Winternitz, Nagy-Varad	2.—	„ Oberst Graf Zedwitz, Debreczin	4.—
„ Friedr. Frh. v.Winterstein, Wien	4.—	„ Heinrich Zeett, Hainburg	2.—
„ Ferdinand Wirrer, Wien	1.—	„ Ob-Tierarzt Anton Zehetner, Lilienfeld	3.—
„ Major Wirth, Gr.-Enzersdorf	5.—	„ Major Zeiller, Graz	2.—
„ Hptm. Witold Ritter v. Demin b. Wasowicz, Lemberg	2.—	„ Josef Zeitler, Schönlinde	5.20
„ Hptm. Ritt. v. Witold, Lemberg	5.—	„ GM. Oskar Zelnit, Budweis	2.—
„ GM. Johann Witsch, Prag	2.—	„ Obstlt. Zelinka, Josefstadt	2.—
Hochw. Herr Dech. Witschko, St. Pölten	2.—	„ Insp. Zellner, Ischl	2.—
Herr GM. Witsch, Prag	2.—	„ Major Josef Zenkl, Prag	2.—
„ Major Witt, Rzeszow	2.—	„ Oberst Ritt. v. Zerban, Przemysl	1.—
„ Joh. Wittmann, D.-Wagram	2.—	„ General J. Zerbs, Foca	2.—
„ Franz Wittmann, D.-Wagram	9.—	„ Oberst A. Zerbs, Agram	4.—
Hochw. Herr Pfarrer Jakob Wittmann, Eckartsau	10.—	„ Genie-Direkt. v. Zhuber, Karlsruh	2.—
		„ Major v. Zhuber, Gyulafehervar	2.—
		„ Landesarchivar Dr. Zibermayer, Linz	2.—

	K		K
Exzell. FML. Ziegler, Budapest . .	13.—	Herr Dr. Ludwig v. Zisnter, Wien .	2.—
Herr Rudolf Ziegler, Missingdorf . .	1.60	„ Obstltnt. Zivojnovic, Karlstadt	2.—
Hochw. Herr Pfarrer Zillich, Kirnberg		„ Direktor Ziwsa, Wien	2.—
a. d. Marck	3.—	„ Hofrat Ziwsa, Wien IV.	2.—
Herr Johann Zillinger, Witzelsdorf .	1.60	„ Franz Zmerzlikar, D.-Wagram	121.20
„ Oberst Zimmermann, Trient .	4.—	„ Major Karl Zobel, Salzburg . .	2.—
„ Obstltnt. Gustav Zimmermann,		„ Obltnt. Adolf Zoigner, Tarnow	2.—
Bozen	4.—	Hochw. Herr Pfarrer Zorn, Purkersdorf	1.60
„ Dr. H. Zimmermann, Wien III.	2.—	Herr Major v. Zsivan, Kismaton . .	2.—
„ Dr. Zimmermann, Wien I. . .	2.—	„ „ Zuber, Nevesinje	2.—
„ Förster Zingerle, Kramsach, Tirol	2.—	„ Oberst Zucculin, Brod a. d. Save	2.—
„ Richard Zinglar, Orlau . . .	1.60	Hochw. Herr Adalbert Zwieb, Geras .	2.—
„ Obstltnt. Zinner, Castelnuovo .	2.—	Herr Major Zybral, Troppau	2.—